# 高校教育教学管理理论与实践研究

魏巍 著

中国纺织出版社

**图书在版编目（CIP）数据**

高校教育教学管理理论与实践研究／魏巍著．--北京：中国纺织出版社，2018.12（2025.5重印）

ISBN 978-7-5180-5558-6

Ⅰ.①高…　Ⅱ.①魏…　Ⅲ.①高等学校－教学管理－研究　Ⅳ.①G647.3

中国版本图书馆CIP数据核字（2018）第250359号

责任编辑：武洋洋　　责任印制：储志伟

中国纺织出版社出版发行

地址：北京市朝阳区百子湾东里A407号楼　邮政编码：100124

销售电话：010—67004422　传真：010—87155801

http://www.c-textilep.com

中国纺织出版社天猫旗舰店

官方微博http://weibo.com/2119887771

河北晔盛亚印刷有限公司印刷　　各地新华书店经销

2018年12月第1版　2025年5月第2次印刷

开本：710×1000　1/16　印张：10

字数：150千字　定价：78.00元

# 前言 Preface

教育首先应该关注的是人的本质、人的价值、人生意义等终极发展目标，它是以塑造和培养人的健全人格、促进人的全面自由发展为终极目的的实践活动。

当前中国的高等教育正处于一个大发展、大调整的时期。从高校教育管理的对象来看，随着高校招生规模的不断扩大，特别是从“90后”成为高校的主力军以来，高教管理对象的多样性、异质性特征越来越显著，他们的教育需求和教育接受模式各有不同，且处于不断变动之中，这就为高等教育管理如何做到“以人为本”和科学发展提出了新的命题。高等教育管理只有尊重人的个体多样性，满足学生的发展需要，提升学生的精神境界，提高学生的道德品质，促进其思想政治素质、科学文化素质、身体心理素质、实践创新素质自由而全面地发展，才能彰显其存在的合法性和正当性。

从高校教育管理的环境来看，随着经济全球化的迅猛发展、高等教育国际化的进程日益加快、信息网络化的普及应用和以争夺人才为核心的国际竞争日趋激烈，世界范围内各种思想文化相互碰撞，一些有害社会思潮如拜金主义、享乐主义、极端个人主义等的传播，直接影响和腐蚀着大学生的精神，潜移默化中扭曲和侵蚀大学生的理想信念、道德伦理、民族认同感等。这就需要教学管理者制定合理的教学方案，引导学生走入正轨，在正确的道路上实现每个人的价值。

本书深入浅出地阐述了高等教育的研究与管理，全书总计有七章：教学管理的基本内容、高校教育管理体制、教学管理队伍的建设、高校课程建设与研究进展、高校教育教学信息化管理建设、高校教育教学管理实践研究、高校教育教学研究与评估。

本书的最大特点是参考了大量的实际案例，包括作者的实际考察。本书在撰写过程中得到了诸多专家和学者的帮助与支持，在这里深表谢意。书中不妥之处，敬请读者、专家和同行批评指正。

作　者

2018年10月

# 目 录
# Contents

# 第一章
# 教学管理基本内容

# 第一节　教学管理概述

## 一、教学管理的本质

教学管理的本质有多层次性、多因素性，是在高等学校教育系统中，是以教学子系统作为研究管理的对象，组织和运用有能力的人力、物力、财力对教学全过程支持，并且科学地安排所有的管理工作事项，实现教育资源的最优配置，获得教学工作的最佳效益。

## 二、教学管理的基本任务和职能

教学管理的基本任务就是遵循教育教学的基本规律，通过教学系统的规划，培养社会所需人才，改革和创新教学制度，借助科学的现代化管理手段，对全部教学活动以及状态记录归档，方便以后查阅和借鉴。

## 三、现代教学管理

控制与自由的矛盾集中反映了大学教学管理制度中管理者与教师、管理者与学生之间的关系。也就是说，教学管理制度要解决这样一对矛盾：既保障教师“教”和学生“学”的自由，又能有效实施对教学过程的控制，从而实现学校总体教学管理目标。

控制与自由也是管理中的一对基本矛盾。控制的理念来源于古典管理理论——科学管理法。按照“科学管理之父”泰勒的管理思想，管理的中心问题是提高劳动效率，而提高劳动效率的手段是用科学的管理代替传统的管理；在管理实践中，要通过建立各种明确的规定、条例、标准，使管理科学化、制度化。泰勒主张在劳资之间实行职能分工，由经营者承担“计划”（管理）职能，由工人担当“执行”（作业）职能。泰勒的科学管理思想是以重视经济动机的“经济人”假设为前提的。科学管理理论侧重研究物的或事实的方面，而不注重人的或价值的方面；强调管理法规的约束功能，不注意研究人的行为；着重解决如何提高效率的问题，不注意研究管理措施与整个社会的关系。因此，有人将它称之为“人机关系技术论”。控制理念下的管理必然是一种刚性管理。

管理上的自由理念则来源于现代管理科学的相关理论。现代管理科学突破了传统管理理论所谓“经济人”“社会人”等人性假设，重视人的自主性和自我实现的需要，把人更多地看作是“自我实现的人”“复杂人”。其中，人本管理、柔性管理、模糊管理等理论是这类现代管理理论的突出代表。

（一）人本管理

现代管理学中的人本管理是指以人的全面和自由的发展为核心，创造相应的环境，以个人的自我管理为基础、以组织的共同目标为引导的一种管理观念和模式❶。它要求管理活动以“人”为中心，要求管理者将组织内人际关系的处理放在首位，维护人格的尊严，依据员工的需求、动机激励其士气。按照人本管理观，“人”既是管理的手段，又是管理的目的，是手段和目的的辩证统一。

现代人本管理的思想产生于20世纪20～30年代的西方国家，一般情况下是在企业中使用。我国春秋时期齐国著名政治家管仲在《管子·霸言》中说：“夫霸王之所始也，以人为本。本治则国固，本乱则国危。”这可能是关于“以人为本”的最早阐述了。而到了当代，从诺基亚提出“科技以人为本”之后，很多企业才开始认识并逐渐重视人才对企业的重要性。

首先，人才是企业最重要的资源。对于企业而言，财、物、信息、厂房、设备……都是资源，但人力资源与这些资源相比有其独特性：其一，人力资源是一种可再生资源，可以说取之不尽，用之不竭；其二，人力资源很难通过短期培养获得，也就是说人力资源的可替代性很弱。难怪比尔·盖茨说：“如果把我们最优秀的20名员工拿走，我可以说微软将变成一个无足轻重的公司。”

其次，企业的财富和利润都是通过员工的努力创造的。大家都会认同这样一个道理，企业离开了员工，其他任何资源的投入都将变得毫无意义和价值，因为企业价值的产生必须依靠全体员工的努力才能获得。这就要求企业必须重视对员工的回报。

那么，企业在进行人力资源管理体系设计的过程中，如何才能更好地把握人本管理思想呢？

（1）以人为本要求企业必须尊重员工，知人善任，发挥员工的价值。

（2）以人为本要求企业把员工当人看，让员工充分发挥潜能。

（3）以人为本要求企业用财富、物质、精神、文化和环境回报员工。

---

❶ [德]爱因斯坦. 论教育：纪念爱因斯坦译文集[M]. 上海：上海科技出版社，1979.

以上的描述在企业管理中发挥了积极的作用，在教育领域里也应适当地利用这种思想。在人本管理中，个人的潜能得到激发，组织也因此达到最大的绩效，即组织的成长与个体的发展实现了协调统一。人本管理落实到管理活动中，就是坚持以人为本的原则，从一个完整、科学的意义上去理解人，即管理者不仅关心人、激励人，而且注意开发人的潜能，促进被管理者人性的丰富和完善，促进人的全面发展。换言之，使人成为现代管理的出发点和归宿。

（二）柔性管理

柔性管理理论提出，现代管理除具有古典管理学家提出的计划、组织、指挥、控制、协调等基本职能外，管理还具有教育、协调、激励、互补等职能。柔性管理是一个从内容到形式都极其丰富的管理，它具有模糊性、非线性、感应性、塑造性和滞后性等基本特征。

第一，在质的方面，柔性管理表现为模糊性。管理是以人或组织为对象的，人的心理倾向和行为向度都是模糊的，其绝大多数时候是处在两个极端值的中间状态。因此，要求相应的思维方法和工作方法必须适度、客观。

第二，在量的方面，柔性管理表现为非线性。人的潜能一旦被激发出来，很强大，但也有很大的弹性，受人、环境、时间的影响。柔性管理的非线性特征主要有两个特点：一是工作中投入的精力与生产的效果呈现非线性关系；二是个体人数和总体人数呈现非线性关系。

第三，在方法上，柔性管理强调感应性。人与人之间的感情的建立依靠理解和尊重，依靠对真理的崇尚和对美好的向往，依靠人格的高尚和互动的心灵，依靠不息的激情和至诚的精神……而这一切都与权力无缘。柔性管理的一个基本方法就是通过心灵沟通、感情认可，从而在自觉、自愿的情况下主动发挥人们潜在的积极性。

第四，在职能上，柔性管理表现为塑造性。表面的规定和服从只具有外在的作用，只有从心理上接受、从观念上转变才能真正产生“效忠行为”。柔性管理是塑造精神的高尚工作，一旦这种塑造成功，便在行为的质的方面表现出自觉性、持久性、抗干扰性等特点。

第五，在效果上，柔性管理常常表现为滞后性。柔性管理效果的滞后性是指从开始工作到发挥作用，在时间上出现的落差。这种落差揭示了柔性管理在效果上的周期性。这一特点要求人们在管理工作中不能急于求成，不能急功近利。

柔性管理与人本管理之间存在密切的联系，但二者并不是一回事。柔性管理是在研究人们心理和行为规律的基础上，主张采用非强制的方式，在人们心目中产生一种潜在的说服力，从而把组织意志变为人们自觉的行动。从柔性管理概念的内涵可以看出，它是一种更加深刻、更加高级的管理，是一种充分体现理性、体现自由的管理。柔性管理强调内在重于外在、直接重于间接、心理重于物理、个体重于群体、肯定重于否定、身教重于言教、务实重于务虚、执教重于执纪等基本原则。

马克思曾经指出："发展一切生产力，即物质生产力和精神生产力。"这里的"精神生产力"来源于受激励状态下的人，来源于柔性管理的特定职能。毛泽东生前也告诫人们："世间一切事物中，人是第一个可宝贵的。"这就是柔性管理最基本的理论依据。柔性管理的本质告诉我们，管理工作决不能仅仅依靠制度、规定和纪律来实现管理目标。它强调既要控制，又不是声色俱厉；既要控制，又要自然而然和自觉自愿；既要控制，又不违背人们的心理和行为规律。离开这些也就违背了柔性管理的原则。

（三）模糊管理

模糊管理也是支撑自由理念的又一个重要理论依据。英国莱斯特大学教育管理教授托尼·布什在《当代西方教育管理模式》一书中，根据管理的性质和作用，把各种管理模式分为六大类。其中，模糊模式包括所有强调组织中的无法预测性和易变性的理论。根据这种理论，组织的目标都是不确定的，按目标的次序来开展工作是困难的；学校组织系统内各部分之间的联系都是松散的；决策往往是在参与者不确定的状态下做出的；模糊性是学校这样的组织的普遍特点。这种模式认为，以往关于决策的选择理论过低估计了进行决策的混乱性和复杂性。托尼·布什概括出了模糊模式的9个主要特征。

第一，组织目标不明确。他认为，教师的专业自主权能够使他们自由地确定自己的实际工作目标，并落实在工作中，而且，学校中不同的成员可能对目标有不同的理解，或者对同一目标的重点有不同的看法。因此，组织没有一致的、明确的目标。目标的模糊性使任何意义上的教育目标的实现都不可能成为学校管理工作的中心。

第二，组织管理的手段和程序不清楚，管理的过程也难以明确。这在工作对象是人的学校组织中尤其如此。事实上，对于想让学生学什么，学生应该如何学，以及学生已经学到了什么，教师通常并不十分清楚。

第三，组织具有分解和松散联结的特征。松散联结是指联结的各个方面都是互相影响、互相作用的，但是，每个被联结的方面也都保持它自身的特征，具有一些逻辑的和物质的独特性。它们之间的联系是有限的、不经常的，影响是微弱的。

第四，组织的结构不确定。在教育组织中，组织各部分权力和责任是互相重叠的，权力的范围是不清楚的。组织结构越是复杂，潜在的模糊性就越大。正规组织结构的模型掩盖了这种模糊性的存在。

第五，模糊模式尤其适合以人为工作对象的专业性组织。学校组织正是如此。学生们通常都希望对有关决策发表自己的意见，教师往往希望对学生的需要做出及时的反应，而不是在等级制中的上级领导的直接监督指导下进行工作。

第六，提倡模糊性的理论家们强调组织管理中参与者的流动性，即参与决策的成员时多时少，无法固定。

第七，模糊性的一个重要来源是组织所处环境的信号释放。现在教育机构的生存与发展越来越依赖于外部的环境。开放宽松的教育模式方便家长能够对学校施加更多的影响和压力。

第八，组织的决策通常是无计划的。模糊模式认为，正规模式中按计划、有步骤地进行决策的过程，在实际工作中几乎不存在。问题、解决问题的方案以及参与解决问题者这三方面因素，在相互影响、相互作用等无序状态下产生出最终的决策方案。

第九，模糊管理强调分权的优势。它认为，既然组织具有复杂性和不可预测性，那么，就应该将许多决策权移交给下级单位和个人。

人本管理、柔性管理、模糊管理是相对于科学管理、刚性管理、量化管理而言的。长期以来，人们重视带有强制色彩的刚性管理和量化管理，强调被管理者的遵守和服从，强调被管理者完成数量指标，否则便给以各种惩处。

不管是柔性管理还是模糊管理，都体现了一般管理的本质——控制和协调，还体现了现代管理的新思想和新概念——“人性”和“柔性”，而且，教育领域里也支持现代管理的自由理念，这既适合现代社会的发展，也让工作人员能很快地接受管理体制，顺应人们心理和行为的基本规律。

## 第二节　教学管理的基本内容

### 一、教学设计

做好教学设计是上好课的前提，备课的深入细致与否直接决定教学质量的高低。教师备课应做到：基础学科课每节课都要做到提前备案；教学内容，教学目标，教学重点、难点，教学手段、方法及准备，教学过程（含教学步骤与时间、课内外作业设计、师生双边活动），板书设计等，都要提前做好准备，提倡写教学反思（一半课节）。备课要分节拟定，不得连备、缺漏。各学科要超前半周搞好设计，在备课上采取个人与集体设计相结合，以个人设计为主。备课要在钻研大纲、标准的基础上，了解学生思想和知识实际。要求学生完成的作业，教师设计教案时应自己先做一遍，并作出参考答案，练习课应精选例题，作业指导课要有学生作业的一般情况统计及典型情况分析。根据实际需要使用电化教学手段的，应在课前准备好，提倡充分利用电化信息技术教学手段。

## 二、上课

上课是教学过程中最主要的环节，必须面向全体学生，讲求效率，讲求效果。

（1）各科教师必须按课表上课，不得擅自停课、调课或请他人代课。

（2）上课要准时，做到不迟到、不早退、不拖堂。

（3）教师要做好上课前的一切准备工作，不允许不备课进教室上课。上课期间一般不得中途出入，更不允许要学生出室为教师拿取教学用品等情况。

（4）教师上课举止文明、穿着大方、仪表端正，课堂上不准抽烟，不准坐着上课，不准讽刺挖苦学生，不准体罚学生或将学生赶出课堂，更不准带小孩进课堂上课，要按学校规定着装。

（5）每堂课教学内容要集中，目标明确，思路清晰，重点要突出，关键要抓住，难点要突破。

（6）教学语言要规范、简明、扼要。教学语言和板书规范、准确、生动，富有启发性和示范性。

（7）课堂要废止注入式、满堂灌，坚持启发式、讨论式，提倡研究型学习方式，科学安排讲练活动时间，保证课堂作业在课内完成。

（8）要充分利用现有的教学设备，使幻灯、投影、录音、录影、信息技术逐步成为常规教学的基本手段。

（9）教师对学生要严格要求，认真维护课堂纪律，培养学生良好的学习习惯。

## 三、作业批改

（1）作业批改要认真仔细，评语书写要工整，符号要统一（学科课程用分数，技艺活动科目用等级，等级分为优秀、良好、合格、一般），评价要恰当，客观公正。

（2）提倡学生自我订正，养成自我检查、反复探求的良好学习习惯。

（3）作业批改要及时，一般在下一堂课前将作业本发给学生，要做好作业批改记载。

## 四、考试

（1）凡教学计划开设的课程都要进行考试考查，学校组织期中和期末两次考试。

（2）要严肃考纪考风，端正教风学风。

（3）考试要进行改革，一是注重基础知识的力量，二是根据能力立意的原则，尽量贴近生活实际。

（4）学校不以考试成绩作为评价教师的唯一依据，教师不能以考分作为评价学生的唯一依据。

# 第二章
# 高校教育管理体制

教育首先应该关注的是人的本质、人的价值、人生意义等终极发展目标，它是以塑造和培养人的健全人格、促进人的全面自由发展为终极目的的实践活动。但是，教育的终极目的不可能在一朝一夕或短期内彻底实现，它是一个持续发展、螺旋上升的过程，其间会遇到各种困惑、瓶颈、矛盾和挑战，每一位教育工作者都有责任、有义务为实现教育的终极目的而不懈努力、不断创新。

## 第一节　我国高校学生管理体制研讨

### 一、大学教学管理制度的主体与客体

管理过程是在一定实践活动的基础上管理者与被管理者之间相互作用的过程。大学教学管理系统中的管理者和被管理者是相互联系、相互制约的。大学教学管理制度应当在正确地认识学校（上级管理者）与院系（下级管理者）之间、管理者（含学校和院系）与被管理者（即教师和学生）之间关系的基础上进行设计和安排。因此，分析大学教学管理制度的主体与客体的属性及其相互关系，是揭示大学教学管理制度蕴含的基本矛盾（关系）的基础。

（一）两种不同的管理主体观和管理客体观

一切管理活动中的管理主体（管理者）与管理客体（被管理者）是对立统一的关系。所谓管理主体（管理者）是指具有一定管理能力并从事管理活动的人。管理主体（管理者）包括各级领导和各级管理人员。管理客体（被管理者）是指进入被管理领域的人（进入被管理领域的还有物、时间、信息等非人的因素）。可见，作为管理主体的人（管理者）与作为管理客体的人（被管理者）是存在区别的，二者之间是管理与被管理的对立统一关系。也就是说，所有涉及管理活动中，在规定的范围和条件下，管理者与被管理者的关系是对应的，两者行使的权利和义务都不同，管理者拥有指挥的作用，被管理者是提供服务的主体，两者之间界线划分必须明确。

但是，在管理活动中，作为管理主体的人（管理者）和作为管理客体的人（被管理者）是相互关联而存在的。二者互为前提，互相规定，离开一方，另一方不能孤立地存在。参与管理活动的人们，不是单纯的自然存在物或生物存在物，而是作为社会关系的体现者，作为社会生产关系总

和的社会存在物，他们按照自己作为社会人的尺度，按照自己的目的来改造、创造和适应环境。可见，在管理活动中的管理主体（管理者）与管理客体（被管理者）的相互关系，关注着人的本质，实现着人的本质；管理活动要按照人的本质、人的本性进行协调和控制。在管理活动中，实际上存在两种管理模式：客体管理和主体管理。

管理者把被管理者仅仅当作客体来管理的模式，称为“客体管理”。在客体管理观念和模式下，管理者和被管理者之间纯粹是一种主体与客体的关系：管理者是主动的，被管理者是被动的；管理者处于权威地位，被管理者处于从属地位；管理过程是自上而下的单向过程，被管理者被排斥在管理过程之外。基于客体管理的制度是一种刚性的管理制度。

管理者不仅仅把被管理者当作客体来管理的模式，称为“主体管理”。在主体管理观念和模式下，管理者和被管理者都处于主体地位，二者之间是主体与主体的关系，两者只有分工的不同，没有地位高低之分；管理过程是以管理者为主导、管理者和被管理者共同参与、互相协调和双向统一的过程。主体管理也称为“参与式管理”。基于主体管理的制度是一种柔性的管理制度。

在任何管理活动中，“人”与“事”是一对基本的矛盾关系。但是，“人”是主导的方面，任何管理都必须依靠人，通过人去做成“事”。因此，人在管理中既是手段，又是目的，一切管理活动都应当坚持以人为本。以人为本，要求了解人的需要，激励人的积极性，尊重人的自主性，把个人目标和组织目标统一起来，实现管理主体和管理客体的统一；要求坚持人本管理与科学管理的有机结合，实现工具理性与价值理性的统一。学校管理活动应当实行主体管理，这是由现代社会管理、现代教育特性和学校组织特点等因素决定的。

（二）不同管理观支配下的大学教学管理制度

大学教学管理是按照一定的管理原则、程序和方法，对教学过程中的人、财、物、时间、信息等资源进行调配，通过建立相对稳定的教学秩序，调动广大教师和学生的积极性，从而实现教学工作的目标，保证并提高教学质量和效率的活动。不同的管理主体观和客体观支配下的大学教学管理制度呈现不同的特点。

首先，不同的管理主体观和客体观支配下的大学教学管理体制安排呈现不同的特点。如果按照客体管理观来安排教学管理体制，大学就会选择集权管理模式，就可能出现教学的规划、决策、资源分配等权力较多地集中于校部，而院系在教学管理上处于从属和被动的状况。如果按照主体管理观来安排教学管理体制，大学可能会选择分权管理模式，就可能出现校部与院系分工负责、上下协调一致，院系教学管理活力大大增强的状况。我国大学内部的教学管理体制是在《中华人民共和国高等教育法》以及国家高等教育管理的相关法规、政策下，由大学党委等领导机构组织确定的，它与大学内部管理体制改革紧密联系。不同管理主体观和客体观支配下的教学管理体制，对大学教学管理工作的影响是不一样的。

其次，不同的管理主体观和客体观支配下的大学教学管理规章制度设计也呈现不同的特点。如果按照客体管理观来设计教学管理规章制度，教学管理者就会成为制度的制定者、执行者、监督者，教师和大学生就会被看成是纯粹的制度“受体”——制度施威的对象。这种情况下，制度只求体现管理者的意志，而较少考虑（或者基本不考虑）被管理者的愿望；而且，教学管理目标与教学目标可能会出现冲突。如果按照主体管理观来设计教学管理规章制度，教学管理者就会成为制度形式上的制定者（起草人）、执行者和监督者，广大教师和学生充分参与到制度的制定、修改、执行和监督中来。这种情况下，制度既体现管理者的意志，也体现被管理者的愿望，充分体现管理者与被管理者在人格和契约上的平等；而且，教学管理目标与教学目标容易形成协调一致。我国大学内部的教学管理规章制度一般是依据国家和政府主管部门制定的法律、法规和政策精神，在大学党委、校长和教学指导委员会等领导下，由校部教学管理职能部门制定的；同时，院系在既定的管理职能和权限内，依据学校制定的教学管理制度，可以制定相关教学管理实施细则。不同的管理主体观和客体观支配下的教学管理规章制度，其对大学教学管理工作的影响也是不一样的。

教学管理是大学内部管理的重要组成部分。作为一种管理活动，它具有一般管理的基本属性，大学教学管理制度的设计应当遵循管理活动的基本规律和现代管理科学的基本原理。但是，大学教学管理系统具有自身的特殊性，它不仅区别于企业管理、政府管理以及其他事业性管理，而且有别于高校的教学管理和大学内部的其他事务的管理。其特殊性主要源于大学组织的性质和特点，以及制度作用的主要对象——教师和学生的性质和特点。

系统中的教师和学生既不同于一般管理中的人的概念，也不同于教育领域中不同阶段的教师和学生的概念。高校教师作为具有较高学术水平的知识分子群体，学生作为接受系统高等教育的学习者，他们的价值观、行为方式以及对待管理的态度、接纳管理的能力等都有其特殊性的一面。因而，高校教学管理系统正是以管理科学为基础，从高校教学这一特殊管理活动出发所形成的具有特殊性的独立系统。

因此，现代大学的教学管理应当提倡主体管理，应当秉承主体管理的理念，进行教学管理制度的建设和改革。在大学的管理中，不仅院校上级领导和院校系级领导要充分发挥各自的作用，也要将教学管理者和师生的理念调动起来，形成上下级配合关系，这样才能做到大学管理者与被管理者之间的良性关系，两者之间相互配合，提高管理理念。主体管理要对大学里的教学管理进行合理的制度安排，妥善处理学校（上级管理者）与院系（下级管理者）之间、管理者与教师（被管理者）之间、管理者与大学生（被管理者）之间的关系。这三对关系是大学教学管理系统中的基本关系，它们之间的对立统一构成大学教学管理活动的基本矛盾。

## 二、大学教学管理体制下的集权与分权

大学管理中会出现集权和分权的划分，但是两者的核心在于管理者的授权。授权就是管理者会给被管理者授予一定的权利和义务，实际就为了能够简化管理过程，使被管理者在上级管理者的监督下自觉地处理出现的相关事务。如果上级对下级授予的权力和责任多就是分权，授予的少则是集权，分权与集权两者的不同就在于权力和责任的多少。在所有的管理体系当中，授权都是必不可少的，每一个管理体系都会有上级对下级权利的授予。一般说来，集权和分权的程度取决于组织的规模、决策指挥中心的控制能力以及管理者等多种因素。首先，集权与分权的范围取决于组织发展规模。当组织规模较小时，权力可以相对集中，采用集权管理；而当组织规模较大时，则要求权力适当分散，采取分权管理。其次，集权和分权的范围取决于有关权力与全局工作的相关程度。凡与全局工作密切相关的重要权力，应当集中在组织的最高领导层，以保证组织能协调一致地完成总的目标；凡是不影响组织活动全局，应该下放的权力就应该坚决分权，以减轻组织最高领导层的工作负担和压力，使其集中精力抓好大事，同时，也利于更好地发挥基层管理人员的作用和提高工作效率。再次，集权与分权的程度取决于领导人自身的素质、能力和水平。在管理的其他条件相当的情况下，如果领导者能力强、水平高，则较适合采用集权制；反之，则适宜采用分权制。此外，集权与分权的确定还要看下级人员的能力和水平、下级组织可信赖的程度等其他因素。例如，当发生意外事故或紧急情况时，领导者应当及时授权。

集权与分权天生就是一对矛盾，它们各有其长处和不足，不能简单地说哪种方式好、哪种方式不好，应当依据组织的性质、规模、上级和下级等因素而确定。大学教学管理适合采用分权模式还是集权模式需要对大学组织的性质、知识（学术）管理的特点、学术组织决策的成本等因素进行

分析。

## 三、打造强而有力的管理团队

秋天一到，北方就会出现大雁南飞的现象，一群大雁会整齐排开，形成一个“人”字形的队伍，每一个成员之间相互配合最终到达了温暖的南方。大雁的行为也许是本性，但给我们很深的触动，一个良好的团队难道不需要成群结队南飞的大雁精神吗？从它们身上我们可以得到不少启示。

启示一：团队要有明确的目标。雁阵之优，在于目标一致、前后呼应，在我们生活中也是，任何一个企业或事业单位都应该目标一致，确立目标之后建立一支强有力的团队，团队成员之间相互配合，紧密协作，为实现团队目标不断努力奋斗。在整个过程中更多要注重员工价值和团队文化，长期的团队合作才能不断提高一个团队的价值。

启示二：团体成员要互相帮助。一个团队是否团结、和谐，就在于成员之间的关系，团队成员要相互配合，将自己的经验与智慧分享给每一个队员。并且，团队的领导要处理好与下级之间的关系，能将自己领导的位置分享给团队成员，不惧怕困难，一起完成挑战。有时候轮流挑重担或者担任领导职务是有益的。

启示三：成员之间要互相激励。团队在完成目标的过程中，偶尔会出现不同的难题，遇到困难，成员之间的相互鼓励会带给团队强大的信心，在一个成员之间相互鼓励、共同抵御困难的集体中，经常会事半功倍——这就是激励的力量。

一群迁徙的候鸟，尚且能够通过分工合作达到省力、提速的目的，知道如何为群体共同的目标而做出个体的牺牲，将“人”字写在天空。作为团队领导更应该教育自己的成员像大雁一样，紧跟大队伍，乐于相互协助，学会团结，学会团队共赢。领导要想管理好一个团队，是需要许多策略与技巧的。

第一，制定团队管理制度。任何一个集体或团队都要有自己的管理制度，完善的管理制度会大大提高团队的工作效率，提高队员的信心。俗话说“不成规矩，无以成方圆”，一个高效的团队都会有严格的管理体系和制度。公司制度是“硬”的、“冷”的，原则是“方”的，必须要坚持。同时，在公司团队建设中，各种形式的人情化管理又是“软”的、“热”的，是灵活的，是“圆”的，它对团队起到了关键性的稳定作用，也能激发团队的整体创造力。

第二，要有一致的团队目标。首先，团队领导人要先确立团队目标，然后将详细的方案叙述给每个成员，使每一个队员都能明确目标。其次，团队里的成员要考虑领导人的做法，在团队里要有换位思考的意识，具有一定的大局观念。一根筷子可以轻轻地被折断，十根筷子便能够牢牢地抱成团儿。这就是由于每根筷子相互依靠、相互支撑，因而抵御外力的能力大大增强，超过了每根筷子相加的总和。

第三，帮助团队成员提高能力。“培育领袖人才有赖于我们身先示范。”（约翰·麦斯威尔）领导者必须对团队成员的工作成果负责任，也要对成员的前途发展负责任。其实，团队中的每一个人都希望自己能够得到提高，如果一个团队无法使队员的能力得到提高，那就无法真正地留住人才。作为一个团队的领导，很重要的一个职责就是要培养团队成员，提高他们的能力。

第四，建立合理的沟通机制。这首先需要领导核心的管理艺术，独断专行的领导是无法创建充分的沟通机制的。其次，需要建立每个成员对团队的归属感，充分调动起他们的主观能动性。最后，还需要一个科学合理的沟通方法。形成合理的沟通机制，可以充分发挥队员的能动性，能充分发挥集体的智慧，可以最大限度地达到政令畅通，这是提高团队创造力与执行力必不可少的一个环节。

第五，为团队提供良好的工作环境。团队领导要为自己的团队成员建立一个良好的工作环境，为自己成员的付出争取更多的回报。成员的付出要获得正比的回报，员工的利益受到损害时，团队领导要敢于为自己的员工争取应得的利益。如果一个领导不为自己成员的利益去考虑，那么这个团队也不会长期发展下去，毕竟每一个成员都希望自己的领导能为团队谋取更多福利。

第六，严格要求自己。作为一个团队的领导，要严于律己，做一个好的榜样，恪尽职守，遵从团队的管理制度。团队领导要严格要求自己，成为工作中的榜样，这样才有利于工作的开展。

第七，领导者要有一技之长。作为一个团队领导人，一定要有自己优势，不管是专业技能还是团队管理。领导要充分发挥自己的长处，自己的成员才能更加服从，这样领导人的话语权才会更具有说服力。一定的专长会提高领导者在团队中的威望，得到员工更多的信服。

总的来讲，一个团队的长期发展，需要领导人不断提高自身的能力，团队成员追求的目标越高，就要求领导人的自身素质越高。如果领导人想要管理好一个团队，那么就要从自己做起，提高自我各方面的能力。

## 第二节　高校学生管理工作创新研究

### 一、改变传统教学思想和方法，坚持“以人为本”

高校对于学生的教育培养，要坚持以人为本的管理理念，通过这种方式可以培养学生的自主创新能力，更好地促进学生的自身成长和发展。学生在高校接受教育的目的就是为了提高德智体美劳各个方面的修养和能力，因此应改善学习方法，培养学生的处事能力，让每个学生都成为有涵养的高素质创新型人才。高校采用的“以人为本”管理模式，就是以学生为中心，正确认识学生在学校担当的角色，了解学生的实际情况，使用合适的教学方法和策略对其进行指导和培养。教师或管理者对学生要有足够的尊重、理解和信任，把这些基本的东西融入教育中的每个环节，提高“服务”理念，做好学生的管理工作，提高教育意识。“一切为了学生，为了学生的一切”，就是管理所坚持的动力。

### 二、以学生为中心，发挥学生组织和学生骨干的作用

每一所大学都会有学生骨干，他们可以帮助校园管理人员开展管理工作。学生骨干通常是一些学生党员、入党积极分子和成绩优异的学生干部，这些人既是学校的被管理人，也是学校管理中的得力助手。第12次全国高校党建会议指出，高校在管理过程中，要不断提高学生的党建工作，充分发挥党员骨干的作用，简化学校的管理程序，提高管理效率。学校对党员和学生骨干的认可，可以锻炼学生的管理能力，提高他们的管理意识，发挥党员的先锋作用，在学校的管理工作中起到带头作用。学校里的学生党员非常多，要将他们的作用发挥到极致，秉承党的管理理念，可以起到良好的示范作用，通过他们日常行为的表现，可以体现学生党员的优良本质和时代特色。学生党员在学生群体中树立的良好形象，增加了学生对党的热爱，这样会吸引更多的学生个体逐渐靠近党组织。

应该说，学生骨干就是学生中的中坚力量，学校里的三好学生。学生之间的交流更为方便，接触也更为广泛，学生骨干扮演着学生与管理者之间的重要角色。学生骨干的作用是教育过程中不可代替的，能够帮助管理人员更好地处理学生的矛盾和问题。

### 三、构建学校、家庭与社会“三位一体”的教育管理机制

学校在社会中的主要任务是培养人才，教育是学校的主要作用。但是，对学生的教育不是一蹴而就的，教育的过程是漫长和复杂的，不仅学校、教师承担着重要的责任，对于家庭、社会来说也有非常重要的责任。高校教育会使学生的三观更加明确，个人观点也会逐渐成熟，高校教育是学生成长的重要阶段。高校学生能否被培养成才，并为社会和国家做出贡献，不仅需要学校和老师的指导，更加需要家庭和社会的帮助，无论哪一方都十分重要，起到的作用是不可或缺的。学生的快速成长，需要学校、老师、家庭、父母之间的相互配合，只有这样才能将高校学生锻造成才，帮助其全面发展，顺利进入社会中。

总而言之，学校、家庭与社会组成的教育管理体系对高校学生的影响是重大的，三者之间应相互配合，共同努力，为高校学生创建一个良好的环境。

## 第三节　高校学习型文化的创建

### 一、加快高校教育的信息化建设

教育信息化是指在教育过程中比较全面地运用以计算机多媒体和网络通信为基础的现代化信息技术，促进教育系统的全面改革，使之适应正在到来的信息化社会对于教育发展的新要求。教育信息化不仅仅是教育形式和学习方式的重大变化，更重要的是对教育思想、观念、模式、内容和方法产生深刻影响，对深化教育改革，实施素质教育具有重大的意义。

教育信息化的实施有六要素：①应用——信息技术与信息资源在教育教学领域的广泛应用；②开发——开发丰富的教育信息资源；③网络——建设国家、地区、学校教育信息网络系统；④产业——发展教育信息产业；⑤人才——培训掌握信息技术的教师队伍；⑥政策——制定教育信息化的相关政策、法规和标准。

信息化教学环境建设是学校实现教育信息化的基本前提和重要基础，信息化教学环境建设水平决定了学校能够实现的教育信息化程度。学校要想推进教育信息化，首先就必须建设信息化教育软硬件环境，如建设校园网，建设多媒体教室、多媒体计算机网络实验室，建设教学资源库等。如

果没有这些信息化教学环境建设，教育信息化就是镜中月、水中花，是无法实现的乌托邦。

教育信息化需要信息化教学资源的支持，信息化教学资源是教育信息化的核心内容。信息化教学资源可以依靠学科教师自制，也可以从市场上购买。从当前的教育信息化发展阶段来看，市场上与课程内容相关的信息化教学资源库无论是在内容上还是在类型上已经非常丰富，通过市场购买和校际共享可以较好地满足日常教学中对信息资源的需要，减少教师制作课件的压力，让教师能够将更多的精力和时间放在教学设计和信息化教学环境的创设上。因此在经济许可的情况下，学校或者教育主管部门购置教学所需的信息化教学资源库是一个明智的行为。

教育信息化的发展已经从前期的强调教育信息化基础设施建设的速度与规模阶段进化到现在的重视信息化教学效果的阶段，教育信息化不仅关注软硬件资源的建设，更关注教学效果的提高。对于如何提高教育信息化的教学效果，联合国教科文组织认为需要广大教师掌握信息化教学环境下的必要素养与能力。经过较长时间的深入研究，联合国教科文组织制定了一个《教师信息技术能力标准》（ICT Competency Standard for Teachers，简称ICT-CST），该标准认为，为了使教师将信息技术融入课堂，成功地实现信息技术与学科教学的整合，教师必须具备四个方面的素养与能力：构建学习环境的能力、信息技术素养、知识深化能力和知识创造能力。虽然ICT-CST并不是绝对的标准，但是对于我们推进教育信息化进程具有积极的指导作用。

高校教师信息技术能力培训中经常将以教师使用计算机和网络的能力的培养作为重点，培训内容集中在计算机的基本使用和办公软件的使用、多媒体制作软件的培训上。如在某博文《教育技术是个球》中就提到一个案例，教师脱产一周主要是学习Flash，教老师们怎么做一个飞来飞去的球。从教师培养的角度来看，使用信息技术的能力属于教师的信息素养的一部分，特别是随着教师信息技能的不断提高，教师培训应当突破这一限制，将培训的重点引向构建学习环境的能力、知识深化的能力和知识创新的能力上。

信息化教学效果的提高与否，在很大程度上取决于教师进行信息化教学的能力，使用计算机的能力和制作课件的能力只是其中的一小部分。有研究表明，教师信息化教育的能力与使用信息技术的能力并没有直接的相关性，只要教师具备基本的计算机操作技能和多媒体教学软件的使用技能，就完全有能力进行信息化教学活动。但是这并不意味着教师能够有效进行信息化教学活动，教师信息化教学还需要其他知识和技能的支持。

与传统的教学相比，教育信息化并不仅仅是教学手段的改变，还包括教学模式和教学理念的改变。仅仅改变教学手段并不能提高教学效果，也不能实现推动教学信息化的初衷。推进教学信息化不仅要实现信息化教学方式，还要改革传统教学模式和培养创新人才。从传统教学方式到信息化教学方式，教师的教学发生了较大的改变：从课堂教学到实施课堂与活动并存的教学，从教内容到教方法，教学设计重点由教学内容转移为教学过程，教学设计成果从教案变为教学过程单元包。因此，如果教师依然沿用原有的教学方式，利用原来的模式进行教学活动，那么信息化教学的优势必然无法显现。从教师培训角度来看，对教师进行信息化教学方法的培训比对教师进行信息技术使用技能的培训更为重要。

虽然可以通过培训来提高教师的信息化教学的理论和技能，但是教师信息化教学技能并不能简单地通过短期培训来获得，在教学实践中进行学习是最有效的一种方式。在教学实践中创设良好的学习和讨论环境，促进教师在正式学习之外开展各种非正式学习活动，如定期组织听课、评课、说课活动，组织信息技术支持下的各种新课程的教学观摩活动，开辟教师教学研讨中心，提供案例和资料供教师观摩和研讨，让教师能够有更多的机会接受新的教学模式和教学方法，扩大教师的专业视域。从前期的研究看，随堂听课和评课是促进教师教学能力的最有效方式，在专家的指导下进行定期的听课、评课活动；参与信息化教学研究项目，参加各种专题研讨会都可以达到这一目的。

当前不少教师的视阈被局限于学校课堂教学的范围，其教育教学行为处于较低的层次、较窄的范围，教师的工作被窄化为“教书”，教师将教育信息化也主要集中在知识传递和成绩提高上，不注重学生创新思维的训练，不重视学生探究问题、分析问题的能力和意识的培养。因此在教学实践和专业学习的过程中，不重视知识创新能力和知识深化能力的培养，也缺乏这方面的意识。在教学实践中这种局限的视阈限制了教师的教学行为。社会转型要求教师教育向质量提高型转变，提高教师的教育理论素养成为当务之急，而参与专业研讨会、广泛阅读权威期刊中的前沿研究论文，是扩大教师视域、培养教师信息化教学能力的最快捷的方式。

目前教育信息化还处于一个不断发展的阶段，信息化教学的模式和方法还不成熟，需要各个学科的教师根据学科特点。探索适合本学科的信息化教学模式。在当前的学科教育信息化教学模式的探索过程中，具体学科教学模式的研究，通常是学科教师根据自己的教学实践和经验进行总结的结果。学科教师在信息化教学一般原则的指导下，可以结合学科教学内容、教学目标和学习者特点，探索合适的信息化教学模式。

教育信息化对以校长为代表的教学管理者角色也提出了新的要求。在教育信息化的进程中，校长是关键。校长及其领导集体的教育技术领导力是其教育技术素养在管理层面的一种反映。根据祝智庭等人的研究，教育技术领导力的内涵包括四个方面：教育信息化系统规划能力、信息化教学与课程改革领导能力、教师专业发展领导能力和教育信息化规制建设能力。校长及其领导集体的领导力在决策、管理、服务、评价四个方面影响了学校的教育信息化进程，校长及其领导集体的信息技术知识与技能、理解和应用信息技术的能力、信息化的管理水平等制约了学校的教育信息化发展规划与实现。与学科教师的信息技术教学能力不同，校长及其领导集体的教育技术领导力不是一种知识和技能，更多的是一种影响力、洞察力、凝聚力、协调力与决策力，是属于个体知识和技能的“软”层面。教学管理者是否具备教育信息化所需的能力，无疑会影响学校教育信息化的进行。

## 二、提高教师的信息技术水平

在信息高速公路的影响下，信息技术，如计算机辅助教学、课程开发、试题库及多媒体技术已经广泛进入大学课堂。现代信息技术将以其丰富的功能、便捷的特点在教育教学中得到广泛的应用，它将对整个教育产生深远的影响，并促使传统的或现行的教育观念、教育内容、教学方式、学习方式、教师角色等发生重大的变化，对学科教师的素质提出了更高的要求。

首先，我们分析一下当前高校信息技术能力培训存在的主要问题。

（1）对教师信息技术能力内容的理解存在误区。在教师信息技术培训中，关键是培训的内容，一般包括三个层面：一是理论层面；二是技术层面；三是教学设计和方法，即整合应用层面。但通过细心的观察，可以发现许多人一提到教师培训，就与教WORD、EXCEL、FLASH、设计网页等画上等号，把培训单纯地理解为技术培训。许多同志，包括一些领导对这方面理解不一致，制约了该项工作的进一步推进。而且在现实中，新课程培训与信息技术应用培训存在“两张皮”现象，即“有思想没有技术”和“有技术没有思想”并存，相当部分应用培训仍停留在理论层面和技术层面上，真正把信息技术应用融入教与学全过程中的培训不多，使应用始终在初级层次徘徊。

（2）重形式、轻理念。在信息技术技能的培训中，常常忽视教育信息技术理念的培养。目前教师参加的信息技术培训存在项目重复设置、多部门培训、多部门管理的情况。如教师评职称要参加人事部门组织的计算机模块培育与考试，教师参加学历进修时要参加自考部门组织的信息技术课程结业考试，教师还要参加教育部门组织的教师教育技术能力培训与考试等，既耗费了教师的精力，也增加了教师的经济负担。这在一定程度上使高校教师对使用信息技术产生了抵触情绪。信息技术培训首先应让学校教师认识到掌握信息技术知识和技能的重要性和紧迫性，让教师信息技术培训从被动接受转变为自觉主动要求。

（3）重学习、轻应用。许多教师虽然经历了大大小小的培训，并取得了证书，但学完以后回到学校，没有将学到的技能用于教学，久而久之，掌握的操作技能生疏了，要使信息技术为教学教育服务更无从谈起。还有很多教师误以为，只要把多媒体引入了课堂，运用课件教学提高了课堂教学的效率，就算达到了信息技术教学的目的。殊不知，教师的教学效率再高，学生在较短时间内无法接受也是没用的，那么教师做的就是无用功。教师点击课件的速度过快，课件内容根本不可能给学生留下深刻的印象，就更谈不上理解内容，提高学习的效率了。而且在拥有众多优秀教学资源的教育局域网、校园网及互联网上，许多教师一遇到教学活动，诸如能力比赛等，首先想到的是找人制作课件，这一现象充分说明教师信息技术应用的能力欠缺，且对培训内容的理解停于表面。

在吸收各校多年的教师信息技术培训经验的基础上，我们可以从以下几个方面搭建新的教师教育信息技术培训框架。

（1）切合实际，合理规划。教师信息技术培训作为一项工程，必须系统、科学地规划。要改变过去虽然按对象划分培训班，但授课内容差异不大，针对性还不够的做法，根据具体的学科教师展开更有针对性的培训，这样才能使培训产生更大实效，更能充分调动学科一线教师培训的积极性。

（2）任务驱动，提高能力。要改变过去每一个软件都挨着讲一遍的方式，培训指导者必须围绕受训教师本人的实际问题与预期目标，根据学校教育教学的实际需要设计一系列具体任务，受训教师在任务驱动下，通过资源收集、筛选、整合、交流协作及意义建构，在规定时间内利用信息技术完成具体任务，这种以教师本身教学问题为中心的任务驱动训练方式能大大提高受训教师的培训兴趣与实践能力。

（3）注重素养，提升理念。增加信息素养的教学内容，改变过去重操作技术的培训。同时，要结合培训，改变受训教师的教学观念，使信息技术成为教师实施素质教育的有力工具，在改变教师的教学行为和学生的学习方式上起到作用。还应该把教学设计作为受训内容，目的是把理论与课堂教学实际需要结合起来，把学和用统一起来，增强受训教师的“资源共享”观念，提高培训的时效性。

（4）学科整合，提高实效。可以把教师培训与教育信息化、学习网络化等诸方面加以整合，以确立培训的科研的课题，并通过学术讨论、教学观摩等形式，探索出适合本校、本学科、本人的教学方法与模式，并将其用于实际教学中，将教育信息技术培训与学科整合的研究结合起来。

## 三、高校教学方法的多元化

作为教学改革的重要内容，高校教学方法改革的重要性和必要性不言而喻。通过对十余年来我国高校教学方法改革研究和实践的宏观考察，我们不难发现，就此问题的研究和探讨可谓众说纷纭、莫衷一是。

在全球化、信息化以及多元化已然成为当下社会发展趋势的背景下，如何站在历史发展的角度看待传统的教学方法？面对未来发展，如何选择符合人本教育理念和全人教育思想的教学方法？这无疑是我们思考和实践高校教学方法及其改革的两个基础性问题。遵循此思考方向，笔者拟就高校教学方法之多元化命题展开以下分析和论述。

### （一）争议与共识：高校教学方法之界说

探讨高校教学方法及其多元化问题，首先需要回答的问题是何谓高校教学方法。面对这一看似简单而不必阐论的问题，学说理论上的表达却未尽一致。

（1）关于高校教学方法的不同界定。从一般意义上来说，高校教学方法无非是将教学方法问题置于高等教育这一特定阶段或者场域内。这就要求高校教学方法既要反映教学方法的一般要求和本质，又要体现高等教育这一特定阶段或者场域的特点。

就一般化教学方法而言，有学者认为，教学方法是指教师和学生为达到教学目的而开展教学活动的一切方式方法的总和。有学者主张，教学方法是指完成教学任务、实现教学目标的途径与手段。

就高校教学方法而言，学者的主张与表述可谓纷繁。有学者认为，高等学校的教学方法是教学形态的科学方法，是科学方法在教学条件下的运用。就是说，高等学校教学方法的本质既是师生联系方式与科学方法的统一，也是教学方法的对象特点与学科特点的统一。有学者认为，高等学校的教学方法是教师和学生为达到教学目的而共同进行认识和实践活动的途径和手段，也就是教师如何教、学生如何学的问题。有学者认为，高等学校中所说的教学方法，是指在教学活动过程中，教师如何对学生施加影响，怎样把科学知识传授给学生并培养学生能力，发展智力，形成一定道德品质和素养的具体的手段。

凡此种种不同界定与表述，不胜枚举。

（2）关于高校教学方法的共识。尽管对高校教学方法存在诸多不同的界定与表述，但是纵观各方关于（高校）教学方法的文字表达和意涵体现，我们依然能够发现学者对高校教学方法所形成的共识。主要体现在以下几个方面：

第一，高校教学方法同时关涉高校教师和学生两方主体。教师和学生构成了高等学校的基本架构，更是高等学校得以存续和发展的基本前提和条件。高校教学方法并不能单纯地被认为仅仅关涉教师而无关乎学生。尽管教师和学生在角色、职责、目标等诸多方面存在差异，但毋庸置疑的是，任何教学活动都只有在教师和学生的共同参与下才会具有意义。因此，教师和学生之间的这种相互依存和联系决定了高校教学方法同时关涉教师和学生。我们不妨称之为高校教学方法的主体性。

第二，高校教学方法的目的在于实现或者达到教师和学生对教学活动的期待与追求。教学活动本身的目的性决定了在教学活动中所运用的教学方法也必须具有目的性。教学活动的目的之于教师通常体现为教学目标和教学任务，之于学生则一般表现为对知识积累、思维锻炼、能力提升及人格完善等方面的期待与追求。任何教学活动的目的都必须借助一定的教学方法才能实现。由此，也就决定了高校教学方法的目的性。

第三，高校教学方法存在于教学活动中。尽管将高校教学方法作为教学理论研究的对象是客观使然，但是不容否认的是，如果脱离了教学活动这一媒介，那么所有的讨论，乃至理论上的共识都必将失去价值和意义。由此，任何有关教学方法的探讨和研究都必须将教学方法置于教学活动过程中才会具有研究的价值和意义。对此，我们可以称之为高校教学方法的实效性。

第四，高校教学方法是实现高校学生培养计划和教学目的及目标的必要途径。特定教学方法的实施必须借助一定的教学手段才能达到教学目的。无论是教师的语言、表情以及肢体行为，还是多媒体、影音设备以及教学场所等教学设施和环境，对于教学方法的选择和运用都会产生影响。但是不同的教学手段均对教学活动的参与者有相应的技术要求。因此，高校教学方法具有技术性。

第五，高校教学方法的选择与运用及其实效，往往取决于教师以及教师的能力和水平。换句话说，高校教学方法是教师有意识选择的结果。对学生而言，往往就体现为对某一教师的教学评价。因此，高校教学方法具有主观性。

（二）继承与发展：高校教学方法多元化

时代的变迁和社会的发展以及教学观念的转变都为高校教学方法改革提出了需求并提供了条件，从而使高校教学方法改革成为当代高等教育教学发展过程中的一种必然。高校教学方法改革不仅涉及对传统教学方法的认识与批判，同时也关系到改革的方向与归宿。

（1）传统教学方法：摒弃抑或继承。教学方法与教育教学相伴而生。尽管国内外对教学方法的类型和种类存在不同的总结和表述，但是学界普遍认为，以知识传授为导向的诸如讲授法、谈话法、讨论法、提问法、演示法、练习法、诵读法等均为早期教学活动中较为常用的教学方法，也即通常所说的传统教学方法。欧洲中世纪大学在教学方法上以讲授、辩论和练习为主。夸美纽斯（Comenius）继承了文艺复兴人文主义思想，提出并实践了直观教学法。资产阶级启蒙思想家、教育家卢梭提出了发现教学法。19世纪以来国外又陆续出现了研讨教学法（Seminar）、问题教学法（PBL）、案例教学法、暗示教学法等。这些近现代以来出现的教学方法通常被称为现代教学方法。与传统教学方法相比，现代教学方法更注重受教育者——学生的主体性，即以学生为导向的教学方法。

以教师讲授、传授知识为主的传统教学方法更多强调了教师的主导作用和权威，而忽视了学生的主体作用，对学生应用知识和创造知识能力的培养存在缺陷。诚然，传统教学方法存在的诸多弊端已经无法适应当今社会和时代发展的需要。但问题是，在现代化教学设施和手段日渐普及和完善的背景下，传统教学方法真的就无用武之地了吗？传统教学方法究竟是需要摒弃，还是需要有所继承？

教育学者以为，对待传统教学方法应当批判性地继承，而非一刀切地摒弃，理由有以下几点：

首先，这是教学内容的需要。教育部公布的《学位授予与人才培养学科目录（2011年）》将学科共分为13个学科门类，110个一级学科。必须承认的是，不同学科之间的差异必将导致不同学科以及专业教学内容存在诸多不同。以法学学科和法学专业为例，我们认为，某些专业课程的教学内容决定了以教师讲授为主的传统教学方法依然是实现教学目的和完成教学内容的必备且有效的方法，如法理学、法史学等课程就是典型。

其次，这是教学活动的需要。高校教学活动通常以课堂教学为主，因此在课堂教学过程中，如何组织和保证教学活动的顺利进行就成为教师必须面对的首要问题，由此也就决定了教师在课堂教学活动中的主导地位和作用。如是观之，对于教学内容之基本知识的传授仍为高校教学活动的必要内容。对所讲授课程的基本原理和规则的说明和解释离不开教师的讲授、分析、论证、演示以及提问等方式。因而，传统教学方法依然为保障教学活动所必需。

再次，教育目的的需要。教育乃国家发展之本。其目的在于“育”，而非“教”。传统教学方法对于师之传道、解惑、授业依然具有重要的价值和意义。“育人”教育目的的实现同样也离不开教师的“言传身教”。

此外，尽管尊重学生的主体性以及人本教育理念已然成为现代教育理念实践的重要体现，但并不能由此就否定教师的主导作用。更何况教学有法而教无定法。因而，不能因为传统教学方法存有弊端而断然摒弃；相反的，应当根据教学活动和实践的具体需要选择并灵活运用适当的传统教学方法。

（2）现代教育理念：本质及其影响。尽管学者对现代教育理念的阐释和界说未尽一致，但是人本教育与全人教育的观念和思想已经广为接受和认可。依笔者拙见，此二者即现代教育理念之本质所在。

人本教育强调在教育教学过程中应当充分尊重和体现“以人为本”的价值观念。人本教育的核心与教育目的具有一致性。因此，尊重学生的主体性也就成为我们推行教育教学改革的重要内容。在此教育理念的指引下，就高校教学方法的选择与运用而言，诸如问题教学法、案例教学法、发现教学法、研讨教学法等引导式、互动式的教学方法更为有效地体现人本教育理念，也自然为高校教学方法改革所力倡。另一方面，学生主体意识和自我意识的日益增强也对此产生了积极的作用和影响。

全人教育整合了社会价值本位和个人价值本位两种观念，强调既要尊重个人价值，又要尊重社会价值。换言之，全人教育理念不仅注重个体的价值追求及其差异，而且倡导个体之间的沟通与和谐。在此观念影响下，现代教学方法更容易被接受，甚至备受青睐。如研讨式教学方法不仅能够使讲演者得以展示个人魅力，而且能促进成员之间的沟通与协作；在满足学习知识需要的同时，还能培养表达、沟通及协作等能力。这是传统教学方法难以达到的。

（3）教学方法多元化：继承与发展。如上所述，以人本教育和全人教育为标志的现代教育理念对高校教学方法改革产生了极大影响。然而，面对全球化、信息化迅速发展的社会现实，固守传统的教学方法当然已经不合时宜；而摒弃传统教学方法采用现代教学方法虽然适应了时代发展的潮流，但如果没有基础知识的传授与积累，又何谈学生能力和素质的培养？

因而，对于高校教学方法改革及其运用而言，应当坚持继承与发展并行的态度和做法，承认并实践教学方法多元化这一命题。

众所周知，从历史上看，东西方文化的差异决定了东西方社会历史发展各领域内的不同。在教育教学领域亦是如此。中国传统讲授式教学方法虽然更多地强调教师的地位与作用，但是并非排斥对学生的尊重。“三人行，必有我师焉”以及“有教无类”等教育思想便是明证；而西方社会自文艺复兴以来，以个人主义为标志的个人本位在社会发展中产生了巨大的影响。人本主义和全人教育观念开始日渐形成并产生了深远的影响。20世纪后期以来的全球化浪潮已经改变了诸多领域的传统观念和价值取向。同时，随着科学技术日新月异地进步与发展，加之信息化水平日益提升，社会各领域都无法避免地被联系在一起。在此背景下，多元化已经成为当代社会的另一个明显标识。

由此一来，高校教学方法多元化也就成为一种必然。针对不同的学科领域以及专业特点，选择并运用得当的教学方法，也就成为高校教学方法改革的一种归宿。

教学方法多元化强调在高校教学活动中坚持教学方法的多样性和灵活性，而不拘泥于某种单一的教学方法。例如，对于专业基础知识以及历史发展的介绍，采取平铺直叙的讲授法并无不可。但对于具有争议的理论以及实践问题，采取问题导向的提问、讨论、讲演等引导式教学方法则更为可行。同时，辅以图片、视频、影音等手段进行演示或者由学生亲自试验、实习等参与式教学方法，亦会收获令人想象不到的惊喜。

由是观之，教学方法多元化实现了“教无定法”，但仅此尚不足以真正实现教学方法多元化的目的和意义。多元化教学方法的多元选择和灵活运用，还取决于教师的素养和态度。这就要求高校教师应当具有独立思考、尊重学生、担当责任等职业精神。

## 四、大学英语教学的影响分析

随着经济日趋全球化，教育发展日益国际化，外语教育越来越受到广泛的重视，教育者和受教育者对英语的投入不断加大，我国学生的整体英语水平逐步有所提高。但是，与超高的投入相比，英语教育的产出并不令人满意。目前，我国学生到大学毕业时的英语总体水平仍然不高，听、说、读、写能力不强，形成了英语教育“高投入，低产出”的局面。对于这一怪现状，许多专家学者按照小、中、大学的不同阶段，从教育制度、教学方法、设备硬件、教材设置、师资水平等多角度分析论证了其中的原因，有些方面达成了共识，有些方面则存在争议。本节试图从多种原因中的一个方面，即中国深层次文化角度探讨大学阶段英语教学效果不尽如人意的原因。

从广义来说，文化是指人类作用于自然界和社会的成果的总和，包括一切物质财富和精神财富。学术界又把文化分为3个层次，即表层文化、中层文化和深层文化。表层文化又称器物文化，着重于物质产品；中层文化即制度文化，包括人际关系的礼仪风俗、行为方式等；深层文化又称观念文化，包括思维方式、社会心态、价值观念等。这3种文化紧密相连，表层和中层文化均植根于深层文化。深层文化中的某一概念会以一种艺术形式或生活方式反映在表层和中层文化中。人类学家泰勒（Edward Burnett Tylor）在其名著《原始文化》（*Primitive Culture*）中将文化定义为“一个复杂的综合，包括知识、信仰、艺术、道德、法律、习俗以及一个人以社会一员的资格所获得的其他一切能力、习惯”。这是对文化的狭义定义，同时也反映了深层文化对其社会成员无所不在的强大影响力。因此，中国深层次文化也在很大程度上影响着大学英语教学。

### （一）中国深层次文化解析

我国深层次文化内容博大精深，包括很多方面，以下仅列举并分析影响大学英语教学效果的4方面内容。

#### 1. 崇尚师德

在我国古代的学堂里，学生都将老师尊称为先生在古代拜师是一项非常重要的活动，俗话说“一日为师，终身为父”。在课堂里，先生端庄严肃地坐在讲台前，说明了其地位很有权威性，学生则端正姿势坐于下方；上课时学生聚精会神，绝不敢随意走动交头接耳，对先生充满了敬畏；先生讲授过程中，学生不敢随意打断，必须等先生讲解完之后才可以提出不同意见。从先生与学生的地位可以看出，先生是上级，学生是下级，两者的关系相互对应，学生对先生的话语不敢有任何违背。

#### 2. 知识和理论是重点

在我国历史发展的过程中，我国一直是一个注重知识和理论的国家，尤其注重理论的传授与讲解。所以，老师所承担的任务就是传道、讲解、授业，对于培养学生的学习兴趣并不关注，这就导致了注重理论知识，轻视实践活动。我国的语文教育非常注重培养学生的读写能力，“读书破万卷，下笔如有神”成了名言。语文在我国的教育行业中已经十分成熟，随后引进的外语课程也受到了语文课程的重大影响。受其影响，外语教学也构建了一条学习思路，就是学习基本知识，打好基本功，对于技能和知识二者来讲，要更加注重知识的积累，确信知识重于技能，技能的发展依赖于知识的积累。我国传统英语课也是以教师讲解、示范为主，即“满堂灌”。英语教学中传统的授课方式，没有让学生真正体会到语言的魅力，学生没有了解真正的含义，对于语言知识只是做到了了解，并不会用其去表达。这种教学方式就是因为没有实践的练习，所学到的语言知识没能转化成交际技能。这种教学方式使得老师处于居高临下的地位，学生的事情已经被老师全部包办，并没有发挥学生的作用。

（二）中国深层次文化给大学英语教学带来的影响

随着改革开放的深入进行，我国的对外交往、国际交流日益频繁，有越来越多的西方外语教学理念和方法被介绍引入中国，为中国外语教学注入了新的活力。在这一背景下，我们逐步认识到传统外语教学的弊端，开始进行大学英语教学改革。教育部2007年颁布的《大学英语课程教学要求》明确指出，“大学英语的教学目标是培养学生的英语综合应用能力，特别是听、说能力，使他们在今后学习、工作和社会交往中能用英语有效地进行交际，同时增强其自主学习能力，提高综合文化素养，以适应我国社会发展和国际交流的需要”。

随着我国教育制度的改革，英语教学模式正在逐渐演变，将学生视为主体，老师只是起着指导的作用，充分利用现代智能多媒体设备进行辅助讲解，形成了一种全新的授课模式。教师依据建构主义、社会交互、人本主义等科学理论，运用精美实用的多媒体课件、来自英语国家的原声音视频、多种生动有趣的实践活动等来活跃课堂气氛，激发学生的学习兴趣，培养自主学习能力。这些方法受到了学生的广泛欢迎和好评。然而，教学效果虽然有了长足的进步，但是并没有达到所期望的效果。例如，在讲解过程中学生的积极性仍不够，课下自我学习能力较差，控制能力不够强；老师的讲解仍停留在更多的传授知识。这些现象的出现是由多方面原因造成的，包括目前英语教学班级规模仍然过于庞大，学生水平参差不齐，有些活动趣味性不够强，学生在中学时接受的“填鸭式”教育有很强惯性等。受到中国悠久历史文化的影响是最重要的影响因素之一，但这点经常被讲师和研究者忽略。事实上，由于受到文化因素的影响，使得高校大学生的民族文化心理逐渐彰显。

1. 师道尊严与课堂沉默

师道尊严使得人们直到今天对于教师形象的认识仍然是严肃认真、不苟言笑。从小学到中学，整个课堂中学生都必须接受老师的安排和要求，不能违背老师的意愿，擅自做自己想做的事情。课堂上必须要有老师的允许才可以讲话，老师在讲解过程中，如果打断或对老师的讲解提出异议，都会受到严厉的批评，老师的讲解就是教材里的标准答案，是不允许学生有任何质疑的。从小学就开始受到这种影响，到了大学也就养成了习惯，课堂里沉默寡言，对于老师的讲解只是做出“对”的回答，有疑问或不解之处不敢提出，也只是暗暗思忖，既不会在上课时当众马上提出疑问，也不会轻易在课下去找老师商讨。如果课下去找老师了，一定是已经经过深思熟虑，并且下定了很大的决心。

2. 重视知识和理论与“满堂灌”的惯性

“教师可以提供帮助，提出建议并进行教学，但只有学习者决定是否学习”（Johnson＆Morrow，1981）。近年来，教育工作者对于这一学习规律认识逐渐加深。在大学英语课堂上，教师努力调动学生的积极性，组织以学生为中心的生动活泼的课堂活动。然而，部分中学6年的“满堂灌”模式早已深入学生的心，成年人多年形成的习惯要想改变绝非易事。许多学生把教师精心策划准备的小组活动、听说训练等仅看作课堂的调味品，认为学不到什么东西，并不加以重视；把教师对课文生词、难句的讲解才看作课堂上真正的大餐，是英语学习的重中之重，会认真记笔记，课下复习。部分学生甚至要求教师删掉听、说活动，上课直奔主题——讲解语言点和其他知识内容。“满堂灌”的惯性使学生难以理解：课堂活动是锻炼英语交流能力的舞台，能够让自己体验乐趣，提高自信，激发课下继续训练语言技能的动力。课堂活动与知识讲解并没有严格的孰轻孰重之分，甚至在一定程度上大学英语的课堂活动更为重要，因为学生在中、小学阶段已经对英语知识输入多年，大学到了增强输出能力、交际能力的时候了。

3. 含蓄内敛与不善表现

步入大学标志着一个人进入成年，开始走向成熟，其含蓄内敛的民族性格也已基本形成。大学英语课堂上，教师会发现许多学生不习惯、不喜欢也不擅长在同学面前演讲。他们要么不敢正视观众，缺乏眼神交流；要么声如蚊蝇，令他人难以听清其演讲内容；要么面无表情，且严重缺乏身体语言的辅助，僵硬呆板地立于台前。这些问题严重影响了课堂气氛的烘托和学生语言交流能力的锻炼。此外，由于含蓄内敛，学生在组织英语语言时往往依据汉语思维方式，迂回委婉，不能像西方人那样直接表达思想和感情，因此难以灵活掌握地道的英语表达，并对异域文化感同身受。在进行课堂短剧表演、游戏等活动时，受民族性格影响深远的学生羞于做出夸张的动作、表情，发出夸张的声音，说出夸张的话语，在一定程度上也影响了教学效果。

# 第三章
# 教学管理队伍建设

20世纪以来，科学技术有了长足的发展，国力竞争日趋激烈，“全球化”体现在社会发展的各个层面。高等教育的全球化发展日渐重要，在高校改革尤其是教学改革工作的不断深化中，教学管理工作的改革显得尤其重要，成为提高教育教学质量的关键因素之一。《国家中长期教育改革和发展规划纲要（2000—2020年）》明确指出：“严格教学管理，健全教学质量保障体系，改进高校教学评估。充分调动学生学习积极性和主动性，激励学生刻苦学习，增强诚信意识，养成良好学风。”高校要全面提高教学质量、促进科学发展，不仅要加强办学条件、教学设备等硬件条件建设，更需要强化科学合理的、专业化的教师队伍、管理人员队伍等软件条件建设。新形势下，教学管理队伍作为管理工作的主体，其素质、能力与管理水平直接影响到高校教学工作的稳定、发展和提高，直接影响到高校教学质量未来发展。建设一支职业道德、专业思想、专业知识、专业能力和专业品质成熟的专业化教学管理队伍，对于高校的科学发展具有重大的价值和意义。

教学管理工作是高校管理的中心工作，是高校维持正常的教学秩序、实现人才培养目标、提高教学质量的保证。教学管理队伍是教学管理工作的主体，是教学管理工作的执行者，是学校的重要组成部分。高素质、高水平的教学管理要求建设一支结构合理、队伍稳定、素质高、服务意识强、创新能力强的专业化、职业化的教学队伍。高素质的教学管理队伍是有效促进高校教育教学质量提高、突出培养优势和管理特色、保证高校未来可持续发展的重要人力保障。

## 第一节　教学管理的特点及重点

### 一、教学管理的特点

教学管理在高校各项管理工作中的重要位置及教学活动的特殊性，决定了教学管理具有能动性、动态性、协调性、教育性和服务性等特点。

（1）教学管理的能动性。教学管理的能动性是指人的主观能动性。教学管理的对象主要是教师和学生。能否充分有效调动教师“教”和学生“学”的积极性，是衡量教学管理工作成效的主要标准。在教学管理中，教师和学生具有双重身份，教师作为对学生学习活动的组织者、指导者时属于管理者，发挥管理者的职能，作为高校教育教学活动的执行者时则属于管理对象，履行管理对象的职能；学生既是学校和教师的管理对象，又是自身学习活动的自我管理者。教师与学生无论是管理者还是管理对象都具有主观能动性，彼此相互影响、相互促进。

（2）教学管理的动态性。教学管理涉及的每个环节都处于动态发展的环境中，如培养方案的制订要随着社会经济的发展更新、完善，教学运行的管理要随着学校教学条件的变化进行合理调整，教学质量的评价体系要随着建设内容的变化不断地进行更新等。在不断变化中总结和提高，使教学管理水平和质量螺旋式向上发展。

（3）教学管理的协同性。教学管理的主要任务是协调好学生的个体活动和学校、教师组织的集体活动，充分发挥教师、学生的个性，有益于个人和集体的协同发展。

（4）教学管理的教育性。教学管理人员通过合理制定管理制度，有效实施管理过程，奖惩分明，帮助学生实行自我教育、自我管理、自我服务的“三自”管理，达到育人的最终目的。

（5）教学管理的服务性。高校的中心工作是育人，教学管理要围绕教师“教”与学生“学”做好服务工作。增强服务意识是对教学管理人员最根本的要求。

## 二、教学管理的重点

### （一）注重提高教学管理人员职业道德和业务能力

学校应充分认识到教学管理人员对学校发展所起的重要作用，注重培养教学管理人员的政治思想素质，树立高尚的事业心、责任心及奉献精神。

首先，教学管理人员处于承上启下的关键位置，承担上传下达的工作职责，既要贯彻执行上级部门的文件精神与工作部署，又要组织、协调学校的教学管理工作，同时还要直接面对教学一线的教师，处于与学生沟通交流的前沿，这样的工作定位与工作职责要求教学管理人员首先要具有职业道德与高度的责任感。教学管理工作涉及面广、内容多，事无巨细，看似事小，实质关系重大。如传达上级文件精神、组织安排学校教学工作计划、教师停调课安排、考试工作安排、学籍档案管理等，年年重复，天天面对，很容易引起认识上的麻痹。看起来都是小事情，但每件小事的管理出现差错就会直接导致院（部）甚至全校教学秩序的混乱，教学工作无法正常运转，影响极大[1]。

其次，教学管理人员要具有团结协作精神[2]。高校教学管理工作的特点之一是层次管理，既有一定的独立性，又相互协作与配合，只有具有良好的团队协作精神才能全方位地处理好分工负责的工作，为师生创造良好的工作环境，解决工作中遇到的问题。

再次，要具备较强的业务素质。教学管理人员的业务素质与能力是其独立从事教学管理工作，解决实际问题，顺利完成任务的根本条件。学校应提高教学管理人员的业务素质，使其熟练掌握教育学、心理学等有关高等教育专门知识，掌握教学管理的基本理论和专门知识，准确评估教学发展趋势，协调各部门、各因素间的相互关系，促进各类信息的精确流通，不断创新管理方法，提高管理素质和水平；结合工作实际，开展教育科学研究与实验，适应管理科学化、现代化的要求。

### （二）正确处理教学管理与教学质量的关系

教学管理是学校对教学工作各方面实施的管理，根据既定的目标、原则对整个教学工作进行有序的调节和控制。教学管理的每一个环节都与教学的质量关系紧密。教学管理涉及的内容广泛，从教学质量评价系统来看，包括培养方案、教学计划的制订、教学任务的安排、教学跟踪监测、信息收集、信息统计分析、质量评价等内容。同时，根据反馈的信息和评价的结果，不断更新和调整教学计划。每一项工作的具体内容又包括许多方面，如教学跟踪监测是考察教学方法是否先进，授课内容是否新颖，理论与实践的结合情况如何，课堂是否有吸引力，学生作业、实验、实习的完成情况和考试的成绩评定等内容。教学管理始终要围绕全面提高教学质量这一中心工作开展，高校应改革和完善教学管理体制，创造和建立新型的适应人才培养、素质提高的教学管理制度。

### （三）正确处理教学管理人员与教师教学任务的关系

教学管理人员和教师共同承担着教育的使命，教学管理人员是以有效整合发挥教育资源为主，教师则是以传播知识、启迪思想为主。“管理育人”和“教书育人”相辅相成，两者不是管理者与被管理者、监督与被监督的关系，而是相互影响、相互作用的关系，两者相互关联、密不可分，是同一目的两个不同的层面，具体体现在以下几个方面：

第一，教学管理人员是衔接教师“教”与学生“学”两者关系的

---

[1] 许高厚. 课堂教学技艺[M]. 北京：北京师范大学出版社，1997.

[2] 高炜. 高校教学管理信息化建设的思考与探讨[J]. 产业与科技论坛，2011（2）：196-204.

纽带，协调和处理两者之间的矛盾和问题，创造良好的教学环境，保证“教”与“学”的顺利进行。

第二，教学管理人员通过整理、分析教师教学质量的各种信息，反馈“教”与“学”的情况并进行科学的评定。检查、考核教师在教学过程中的学术水平、教学水平及敬业精神，总结和评估教师是否完成教学任务制订的各项指标与计划，促使教师不断地按照社会发展和市场需求，保持高质量的教学水平，培养适应社会需求的高质量的人才。

第三，教学管理人员和教师共同参与学校的专业建设、课程建设、教材建设、实验室建设等工作。通过对教学的调查、研究、分析，提出改革和改进教学工作的方案和计划。

第四，教学管理人员为教师提供在教学上所需要的帮助，创造优质的教学环境，让教师集中精力投入教学。

（四）注重教学管理与教学研究的关系

教学管理是一个长期建设和积累的过程，高等学校能够完成日常的教学管理，保障教学的正常运行，只是完成了第一层次的工作，标志着有了一个良好的工作基础和教学环境。要提高人才培养质量，提高教学管理水平，必须开展教育教学研究。实践证明：重视教育教学研究工作的学校，其教学工作的指导思想明确、目标选择恰当，能审时度势，从国情、校情出发确立新思想、新思路、新措施、新制度，教学工作和管理工作处于高质量状态。教学管理和教学管理研究开展较差的学校，其教学改革往往比较落后，抓不住教学改革的重点与核心。因此，注重教育教学研究是教学管理提高水平、质量和效益的关键所在。

## 第二节　教学管理队伍的现状及存在的问题

高等学校教育教学管理队伍由分管教学副校长、教务处全体人员、学院（系）主管教学副院长（副主任）、教学秘书（教学办全体人员）和教务员组成。教学管理人员的结构主要包含学历结构、职称结构、年龄结构、学缘结构和性别结构等指标。科级以上管理人员岗位应具备硕士及硕士以上学历，博士学历占一定比例；处级岗位、教学副院长（副主任）和重要科级岗位应具备副教授以上职称，教授占较大比例。老、中、青各层次人员合理分布，教学管理队伍既要有教学管理经验丰富的中老年专家，又要有充满活力、信息技术强的青年骨干；学院结构上非本校人员应该占多数比例，有利于发挥不同的管理思想，承担重要岗位工作的教学管理人员应有基层教学管理工作经历❶。

新形势下教学管理队伍的现状主要表现为以下几点。

## 一、对教学管理队伍建设的重要性认识不足

长期以来，教学管理工作得不到应有的重视，大部分人认为教学管理岗位上的工作都是简单的重复劳动，停留在“事务型”“经验型”的管理层面，认为只要排出课程表、组织好考试、解决教学中出现的一般问题，使教学工作能够运转、工作无差错就完成了，并不需要多少业务知识和能力。因此，学校在安排教学管理人员时往往忽视对人员素质的要求，一段时间内教学管理队伍呈现低学历、低职称的现象，教学管理的质量难以保证。特别是扩招后，各地方院校不断扩大办学规模，招生人数逐渐增多，为了提高教学质量，学校把主要精力放在师资队伍的建设与培养方面，忽视了教学管理队伍的建设，未能按照教学管理工作应具有的专门知识与能力要求每一位教学管理人员，对其在管理知识技能上的不足未能给予重视。教学管理人员应具备的沟通交流能力、文字处理能力、现代化技术运用能力、监控反馈能力及教学管理研究能力得不到有效提高，教学管理的层次得不到提高，不能适应高等教育改革的需要。

## 二、教学管理人员缺乏创新意识

长期以来，传统的管理观念和管理制度使高校教学管理人员习惯于对教学人力、物力、财力的计划管理，被动地执行国家的各项政策，无须进行教育科学研究，无须进行创新和资源分析、利用，按部就班，只需服从领导意志就是称职的管理人员，从而养成了教学管理人员的惰性，磨灭了他们的创新意识和开拓进取精神。面对新时期、新的知识经济和教学改革的新局面，部分管理人员感到茫然，不能很好地适应现代教育教学的管理。

---

❶ 李建群. 哲学变革与创新型人才的培养[J]. 武警工程学院学报，2000（1）：68.

## 三、教学管理队伍专业思想不牢固，队伍不稳定

高校教学管理队伍目前面临的普遍现象是专业思想不牢固，管理队伍不稳定，人员变动频繁，流动性大。目前各高校的管理人员大部分是教学人员调整或由其他行政岗位交流人员组成，缺乏专业人员的定位与思想教育；只有一小部分是管理专业毕业或长期从事教学管理工作的人员。大部分高校忽视对教学管理人员的培养，弱化了教学管理岗位的吸引力，部分有一定知识层次或工作能力的在岗人员思想不稳定，不安心管理岗位，认为管理工作不被重视，工作繁重。另外，多数高校虽然都把管理队伍的职称评定划归为专业技术人员，但长期以来教学管理岗位职称问题难以解决，职务提升非常困难，现职岗位待遇低于同届毕业从事业务工作或其他专业的技术人员，严重挫伤了管理人员的工作积极性，因而对本职工作投入不足，不钻研业务，敷衍应付，有机会就想跳槽。特别是院（系）级教务员更换尤为频繁，有的只工作了一两年，甚至不到半年就转岗，工作刚刚熟悉就离开，使院（系）不得不调换人员，对教学管理队伍的稳定性、管理工作和管理资料的连续性都造成了极大影响。教学管理人员应具有的爱岗敬业的专业信念，自律的职业道德，积极探索教学管理新路径、新方法的思想缺失，教学管理队伍的稳定性亟待解决和加强。

## 四、专业知识不匹配

高校是高素质、高学历、高端人才的聚集地，其核心工作是遵循教育教学规律，培养高素质的人才[1]。服务于教学一线的教学管理人员，大部分非科班出身，岗前没有经过系统的教学管理专业知识的学习，现代教学管理知识不足；从事管理工作后，由于日常工作繁忙、专业深造、职称晋升等各种原因，缺乏教学管理方面的专业培训学习，致使部分管理人员缺乏高等教育学、教育心理学、教育管理科学等知识，不熟悉专业建设、课程建设、教材建设等方面的规律，有的甚至不明白教学运行的一般规律，工作不符合教学实际运行的现状与需要，降低管理绩效的同时更影响高校的教学质量。

---

[1] 陈国华. 关于我国英语教育现状和政策的分析和建议[J]. 中国外语，2008（2）.

# 第三节　教学管理队伍建设的意义

## 一、高校教学管理队伍建设的意义

高校教学管理是高校为实现教育工作的目的而设置的管理部门，依靠一定的机构制度，采用一定的措施和手段，发挥管理和教学的职能，能引领师生有效地完成学业的任务。高等院校的三要素之一就是教学管理，教学管理队伍的建设关系着高校发展水平和质量，也关系着社会和经济的发展。一方面，加强高校教学管理队伍建设可以更好地促进发展。伴随着我国高校改革的深入进行，高校发展的自主性增强，管理权限也不断地增强，如招揽学生、培养社会所需要的人才、保持高校持续地发展等，不仅仅需要学校内部的运行管理，还需要教学管理团队。高水平的教学管理可以有效解决高校发展过程中出现的新问题，为高校运转和科研发展提供良好的环境。另一方面，加强高校教学管理队伍的建设可以使高校更能适应我国经济的发展和社会的发展。尤其是近几年来，我国无论是在经济方面，还是在科技方面都有了飞跃的发展，从客观上可以理解为我国高校的教学水平和教学质量都要有所提高。但是，优秀的大学需要优秀的教师、科研、管理等一体作为提高教学水平和质量的基础，因此要健全高校管理制度，科学规划发展的目标，来推动高校的发展。

## 二、打造高效率的高校教学管理队伍

首先，要引入竞争机制，为教学管理队伍创造一个好的环境，如公开、公平、公正的环境，让教学管理施行管理条例，建立健全管理制度，完善选拔制度。其次，完善激励机制。要完善对教学管理工作人员的考核和奖励制度，明确管理制度、考核制度和奖励制度，甚至一些晋升制度也要明确提出来，对员工的级别评定、各种奖励都要划分清楚。通过激励制度鼓励员工尽职尽责，努力晋升，为教育事业做贡献，增加个人、集体的成就感和荣誉感。通过考核制度，可以检测出员工在工作过程中，是否尽责尽职，是否合格，激发管理人员进取和创新意识。再次，鼓励员工寻找管理中的漏洞，如一位员工在工作过程中发现漏洞，并及时提出和给出修改的意见，使管理制度更加完善，管理层可以对提出问题和意见的人给予嘉奖。另一方面，要建立较强的“刚性”制度，通过严格的制度管理，来优化队伍结构，提高队伍的整体素质。最后，要建立健全监督机制。管理人员通过定期的监督与考核，可以监督员工和师生的工作状况、学习情况等，这些制度是开放式、全方位的监督[1]。

[1] 袁禾. 中国舞蹈美学[M]. 北京：人民出版社，2011：258.

# 第四章
# 高校课程建设与研究进展

课程最基本的教学元素，是学生接触最直接、收益最全面的教学单元，学生通过对课程的学习，才能掌握知识点和学习的技能，从知识中提取精华形成特定的人格。课程质量直接影响着人才培养的质量。在高校师资队伍建设中，课程建设处于核心地位。

课程建设作为高等院校建设中的基础性建设，是一个动态、系统的管理过程，同时也反映出该校的特色。课程设置不仅包括了教学大纲、教学方案、教材等，还可以根据不同院校学生的喜好设置课程。校本课程开发与尝试以学生需求的满足为出发点。

## 第一节　高校课程建设的发展历程

### 一、思想政治教育专业建设溯源——政治教育专业发展历程

学界关于思想政治教育专业与学科建设历程的探讨，始于1984年，也就是教育部正式批准设立思想政治教育专业的时间。作为思想政治教育专业与学科建设的起点，梳理、总结、探索该学科建设的脉络、经验与规律。实际上，从专业背景、专业目的、专业功能和专业属性看，思想政治教育专业建设可以追溯至中华人民共和国成立之初的政治教育专业。政治教育专业是中华人民共和国成立之后，在特定历史背景下设立的普通高等院校的专业，其存续的时间为1952～1993年，历时40余年，历经设立、发展、调整和归并几个阶段。

（1）从专业背景来分析，政治教育专业的设立是为了适应新中国特定政治背景下的需求。在中华人民共和国成立之初，百废待兴。在经济上：经济发展缓慢，部分地区经济还在倒退，各方面亟待振兴；政治上，必须对民主革命时期遗留下来的农业、资本主义工商业和手工业进行社会改造；在教育上，虽然新思想的传播推翻了旧思想，但仍有封建思想的残留。在这一形势下，全国各地普遍开展了大规模的政治教育运动，各种学习会、培训班、政治学校应运而生。为了适应高等教育院校系工作的调整，并加强对高等院校专门人才培养的教育管理力度，于1952年11月国家增设了高等教育部，并且确立了高等教育的目标是“培养具有马克思主义世界观、全心全意服务于祖国和人民事业的专业人才”，任务是“加强马克思主义思想教育，积极采取适当的学习方式，妥当地引进外国先进的教学经验，提高教学质量”。在这种环境下，北京师范大学于1952年率先开

办政治教育专业。此后，其他高校也纷纷开创了思想政治专业。政治教育专业正是在大规模政治教育运动对政治教育专门人才需求形势的深刻背景下设立的。

（2）从专业的角度来看，政治教育专业的建设目的在于培养政治教育理论课的教师、提升教师的业务能力和专业素质。在培养政治理论课教师方面，政治教育的主要任务就是担负起培养学生、教师的任务，以学生的学习情况为主要出发点，培养一批社会上需要的人才，同时也担负着培养政治教师的任务，打造高素质的师资力量。

党的十九大报告明确指出："经过长期努力，中国特色社会主义进入了新时代，这是我国发展新的历史方位。"高校思想政治教育伴随中国特色社会主义进入新时代而迈入新征程，应因事而化、因时而进、因势而新，切实肩负起新时代赋予的新使命。习近平新时代中国特色社会主义思想是马克思主义中国化最新成果，是中国特色社会主义理论体系的重要组成部分，是全党全国人民为实现中华民族伟大复兴而奋斗的行动指南。当前和今后一个时期，高校思想政治教育的首要使命就是用习近平新时代中国特色社会主义思想武装全体师生，激励广大师生为加快一流大学和一流学科建设，实现高等教育内涵式发展砥砺奋进。要深刻理解习近平新时代中国特色社会主义思想的指导意义、历史地位、丰富内涵、精神实质和实践要求，学习领悟其中蕴含的新理念新思想新观点新论断，切实做到学懂弄通做实，不断提升政治政策水平和思想理论水平。要深切体悟习近平新时代中国特色社会主义思想的价值意蕴，既要着重学习其中贯穿的马克思主义立场、观点和方法，又要切实领会其所体现出的政治立场、使命意识、担当精神。要坚守中国共产党的精神支柱和政治灵魂，补好理想信念之"钙"，解决好世界观、人生观、价值观这个"总开关"的问题，自觉做共产主义远大理想和中国特色社会主义共同理想的坚定信仰者和忠实实践者。

历史和现实有力证明，培育和弘扬具有强大生命力、凝聚力和感召力的核心价值观是有效整合社会意识，维持社会系统正常运转、保障社会秩序良性有序的重要途径。新时代进行伟大斗争、建设伟大工程、推进伟大事业、实现伟大梦想，需要以社会主义核心价值观凝神聚力。培育和实践社会主义核心价值观，是新时代赋予高校思想政治教育的价值使命。要以培养担当民族复兴大任的时代新人为着眼点，强化教育引导、实践养成和制度保障。要以认知认同为着力点，把社会主义核心价值观融入学校教育各个方面，实现由形式认同向实质认同的转化、由理论认同向心理认同的转化、由评价认同向实践认同的转化，切实增强培育和践行社会主义核心价值观的实效性。要深入挖掘中华优秀传统文化蕴含的价值因子和道德观念，立足中华优秀传统文化的宝贵资源，结合时代要求继承创新，开掘其中蕴含的思想观念、人文精神、道德规范，引导师生培育和践行社会主义核心价值观。

要广泛开展理想信念教育，深化中国特色社会主义和中国梦宣传教育。培育正确的理想信念和道德信仰，引导人们树立正确的历史观、民族观、国家观和文化观，这是加强思想道德建设的核心。为此，要着力提升师生的马克思主义理论素养以确保理想信念的坚定性，强化党的基本理论、基本路线、基本方略教育，党史、国史教育，引导师生认清社会发展的客观规律和历史发展的必然趋势，明辨中国特色社会主义的发展目标，树立正确的历史观、民族观、国家观、文化观。要深入实施公民道德教育，推进社会公德、职业道德、家庭美德和个人品德教育。要发挥道德典型的示范作用、道德文化的引领作用，加强公民道德文化建设，努力营造向上向善、孝老爱亲、忠于祖国、忠于人民的道德氛围，创设和谐、文明、健康、有序的校园人文环境。要加强和改进思想政治工作，开展丰富多彩的校园精神文明创建活动。深化学雷锋志愿服务，推进文明社会风尚行动，开展各类精神文明共建活动，提高师生文明素养、丰富师生文化生活、培育健康文明风尚，为建设中国特色社会主义精神文明贡献力量。

党的十九大报告指出：“要全面贯彻党的教育方针，落实立德树人根本任务，发展素质教育，推进教育公平，培养德智体美全面发展的社会主义建设者和接班人。”这是新时代赋予高校思想政治教育的重要使命。要深入理解立德树人的深刻蕴涵，坚守中国特色社会主义大学的立身之本。新时代坚持立德树人，就要坚持社会主义办学方向，坚持以马克思主义为指导，全面贯彻落实党的教育方针，切实加强和改进高校思想政治工作，帮助师生掌握科学的世界观和方法论，提高运用马克思主义的立场观点和方法认识改造世界的能力，为完成人才培养、科学研究、社会服务、文化传承创新、国际交流合作重要职责努力奋斗。要坚守立德树人的根本价值取向，提升学生的思想政治素质。引导学生正确认识世界和中国发展大势、中国特色和国际比较、时代责任和历史使命，增强在复杂的国际国内环境中辨明方向、看清趋势、把握未来的能力，自觉将个人的理想追求融入国家和民族的事业中，把远大抱负落实到实际行动中，做勇敢走在时代前列的奋进者、开拓者。要把握立德树人的关键环节，大力加强师资队伍建设。健全教师政治理论学习制度，引导教师增强对中国特色社会主义的思想认同、理论认同和情感认同；加强师德师风建设，培养造就有理想信念、有道德情操、有扎实学识、有仁爱之心的好老师队伍，确保立德树人根本任务落到实处。

（3）从专业功能来看，政治教育专业的设立客观上是对政治教育实践经验的总结、传承和发扬。随着社会经济的发展，思想政治教育理论在实践过程中也不断地更新和总结。中华人民共和国成立以后，马克思主义政治教育特色和优势，在高校已经确定，各大院校也开展了思想政治教育课程。高等学校政治教育专业从成立政治课教研组，到设立政治教育系，再到开办政治教育专业，都是经过一个部门一个部门层层多次试验才得出的，实践证明成效明显，开设思想政治教育专业课程是有必要的。一个基本的原则就是始终坚持马克思主义的基本原理作为核心的课程和授课标准，同时，在思想政治教育基础上开设了很多相关的课程，如政治教育专业的公共基础课程包括的外语、心理学、历史学、教育学、哲学等课程。高等院校开办并推进政治教育专业建设，一方面是对党在革命战争年代政治工作经验的总结、传承与发扬，另一方面，也反映了高等教育界对政治教育工作专业化、系统化、科学化的积极探索。

## 二、思想政治教育专业建设发展历程

在过去的30多年间，思想政治教育专业的学科层次、课程设置越来越完善，发展方向越来越明确。其建设发展大致经历了论证初建、调整完善和深入发展等三个历史阶段。

（1）论证初建时期。1980年5月，在第一机械工业部和全国机械工会联合召开的思想政治工作座谈会中，首次明确提出了思想政治工作科学化，相关研究成果入选《论思想政治工作科学化》一书。1980年8月，在《光明日报》上刊载了一篇《思想政治工作是一门科学》的文章，引发了广泛的讨论。随后出版了《思想政治工作概论》一书。上述对思想工作的研究，为思想政治工作系统化、规范化、科学化、学科化奠定了很好的基础。

为进一步恢复并促进国民经济发展，1983年中央批转了《全国企业职工思想政治工作纲要（试行）》，明确提出了有条件的高等院校都要增设政治工作专业，在全国形成政治教育训练体系的要求。这一纲领是我国思想政治教育理论、开办思想政治教育专业的直接引导和重要依据，起到了催化剂的作用。

为了落实上述文件精神，教育部于1983年暑期召开了专门会议，确立了高等院校人才培养的专业名称“思想政治教育专业”，并在复旦大学、武汉大学编写相关的教材，于1984年面向全国招生。

1984年，教育部先后发布了《关于在十二所院校设置思想政治教育专业的意见》《关于在六所高等院校开办思想政治教育专业第二学士学位班的意见》《关于在高等学校举办思想政治教育本科班的意见》等文件，15所院校招收思想政治专业的学生，招收人数在900人左右。这也标志着思想政治教育专业渐渐步入正轨。

（2）调整完善时期。20世纪80年代末90年代初，苏联解体、东欧发生剧变，国内发生了严重的政治风波，国内外的政治环境十分复杂。高等院校是思想文化渗透的主要交汇场所，由于是思想的交流，并不是客观的事物讲解，所以，有些学生可以接受，有些学生接受不了，因此就造成了学校在思想教育工作方面很困难。

这一时期的思想政治教育重点是反思，反思上一阶段思想政治教育的失误，也有对国外相关工作经验教训的反思，着力纠正忽视大学思想政治教育的倾向，改变大学生对思想政治教育理解偏差的现象。同时，这也为进一步改进高等院校思想政治教育工作提供了新的转机。为了进一步加强对高等院校思想工作的指导，中央先后召开了多次会议，也出台了很多意见，其目的是借助马克思主义，结合我国特色国情，制订出适合我国发展的特色道路思想，坚持马克思主义思想的阵地。发展中国特色社会主义的思想，高等院校就成了培养人才的基地，起到了抵制和反对资产阶级自由化思潮的作用。与此同时，国家教育委员会也出台多个意见，如《关于加强和改进高等学校马克思主义理论教育的若干意见》等。其目的有两个，一是中央对思想政治教育的重视度能够引起高等院校对思想政治教育的重视；二是规范思想政治教育，培养专业人才，加强实践与理论的研究。

研究过程中，在我国各大院校进行了硕士研究生培养的试点，如上海的南开大学、复旦大学等都是实验点。国务院也相应地发布了一些研究生专业课程的目录和教材。随着马克思主义思想在高校实践中取得的显著成效，国务院正式批准在武汉大学、清华大学增加马克思主义理论与思想政治教育博士学位的授权点。从硕士研究生到博士学位的授权点可以发现，我国政府对马克思主义思想政治教育的重视，对培养专业型人才的重视。

随着实践所取得的成绩越来越显著，人民大学将原来的马克思主义原理博士点调整为“马克思主义理论与思想政治教育”博士点。从中不难看出，马克思主义培养基地都选在了我国顶尖的学府中。思想政治教育专业建立起了从本科到硕士、再到博士的层次较为完备的学科体系。

（3）马克思主义在我国深入发展时期。经过了调整完善时期，马克思主义思想在我国得到了迅速发展。随后，思想政治教育在我国各大院校的发展方向也被逐渐明确。思想政治教育这一学科的设置也在一定程度上影响了理论与实践相结合的发展。

从党的十八大召开至今，习近平总书记就教育工作发表了一系列重要论述，特别是在全国高校思想政治工作会议上的重要讲话，集中体现了总书记的教育思想，是新时期指引高等教育事业改革发展的纲领性文献。深入学习贯彻习近平总书记重要讲话精神，必须把握新内涵、构建新模式、落实新要求，切实推动高校思想政治工作创新发展。

（一）教育的思想和思想的教育建设

教育的思想服务于教育的根本任务，是教育的方向；思想的教育着力于灵魂的塑造，是教育的核心。一方面，要用教育的思想引领思想的教育。我们党的教育思想集中体现于党的教育方针、聚焦于办学方向，当前更是反映实现“两个一百年”奋斗目标和中华民族伟大复兴中国梦的教育思想，集大成者就是习近平总书记的教育思想。习近平总书记的教育思想传承了中华优秀传统教育思想，借鉴了当今世界优秀教育成果，总结了我们党领导教育工作的历史经验，是马克思主义教育理论的丰富和发展，是党的创新理论的重要组成部分。因此，是推动我国教育事业改革发展的根本遵循，是加强和改进新形势下思想政治工作的行动指南。另一方面，要在思想的教育中实践教育的思想。高校思想政治工作就是要用习近平总书记的教育思想引领办学治校、育人育才，用习近平总书记系列重要讲话精神和治国理政新理念新思想新战略武装头脑，增强师生政治认同、理论认同和情感认同，不断坚定“四个自信”。

（二）教育的使命和使命的教育建设

教育的使命是教育的价值取向，使命的教育是教育的责任担当。一方面，教育的使命与党的使命、国家的使命和民族的使命密切相关、融为一体。在当今中国，教育的使命就是习近平总书记高度概括的“四个服务”，即为人民服务、为中国共产党治国理政服务、为巩固和发展中国特色社会主义制度服务、为改革开放和社会主义现代化建设服务。另一方面，使命的教育就是践行教育的使命。离开了使命的教育是空中楼阁，要用党的、国家的、民族的使命来教育引导师生自觉把个人的理想追求融入党和人民、国家和民族的事业之中，树立起与这个时代主题同心同向的理想信念，勇于担当这个时代赋予的历史使命。

（三）教育的行为和行为的教育建设

教育的行为是教育活动的基础，行为的教育是教育活动的指向。注重教育的行为同重视行为的教育有着密切的联系。一方面，教育的行为能够影响人、塑造人。教师是教育的主体，要坚持教育者先受教育，按照习近平总书记“四个相统一”的明确要求，即教书和育人相统一、言传和身教相统一、潜心问道和关注社会相统一、学术自由和学术规范相统一，以德立身、以德立学、以德施教，努力成为先进思想文化的传播者、党执政的坚定支持者、学生健康成长的指导者和引路人。另一方面，行为的教育体现教育的价值和导向。学生是教育的客体，要注重其行为养成、知行合一，引导他们做到“四个正确认识”，即正确认识世界和中国发展大势、正确认识中国特色和国际比较、正确认识时代责任和历史使命、正确认识远大抱负和脚踏实地，并体现到实际行为中。[1]

## 三、中华人民共和国成立后的课程建设

中华人民共和国成立以来，高等学校政治教育专业与思想政治教育专业在发展的过程中，并非一帆风顺，而是经过了单科设置——合并设置的过程。从两个学科的发展过程中可以看出，学科的设置并非是一成不变的，而是随着我国国情在摸索着成长。思想政治的理论与实践与高等学校的发展有密切的关系，随着学校的变动而变动，而学校的变动是随着我国教育部门的变动而变动。

（1）专业建设和学科建设是紧密相连的，专业建设以学科建设为依托，同时也推动着学科的建设与发展。从划分的依据来分析，专业建设主要是根据社会的分工、经济和社会发展的需要而设立的，可以简单地理解为：社会市场缺乏什么专业的人才，高等院校里就培养什么专业的人才。

而学科的划分则主要是根据所研究的对象、知识体系以及相应的发展规律，学科建设主要的目标就是创新，是随着我国的国情变化而变化，发展而发展的。其中学科的知识体系包括了概念、范畴、命题、原理、逻辑等一体的学科。从政治教育专业的调整来看，专业和学科之间有着密切的关系。

①专业建设和发展是在学科建设和发展基础之上，或者说专业是在学科的基础上分级下来的。中华人民共和国成立以后，政治教育专业转化为思想政治教育专业经历了多次的调名和整合归并的过程，主要原因是：一是由学科发展的规律和内在的变动所导致的；二是从政治教育专业视角来分析，在发展的过程中一直没有主干学科作为依据，于是将政治教育专业调整为思想政治教育专业，这是最主要的原因。

通常情况下，一个专业的建设往往需要多个学科作为支撑。从政治

---

[1] 杨慧民. 高校思想政治理论课案例教学法研究[M]. 北京：高等教育出版社，2007.

教育专业所涉及的学科理论内容来看，无论是马克思主义的基本理论还是中国革命历史，始终没有一门主干课程支撑着，更加没有一门成熟的学问或者完整的学科作为支撑点。而专业只有在学科的依托下，才能萌芽、发展。

②专业建设和学科建设在发展的过程中相互支撑、相互促进、共同发展。虽然思想政治教育专业获得快速、全面、深入的发展，但最终还是归功于思想政治教育学科的发展。思想政治教育专业在设立之前，“思想政治工作是一门科学”的命题经过了较为广泛的讨论，并形成了思想政治教育学原理论等学科基础理论，这成为思想政治教育专业建设发展的重要基础。思想政治教育专业设立后，学界十分重视其发展和规划，积极主动地发表意见和建议，主动投身于思想政治教育学科的发展中，这也间接性地提供了大量的人力、智力的支撑。思想政治教育学科每发展一步，思想政治教育专业建设就会获得更加丰富的学科理论养分；思想政治教育专业每发展一步，思想政治教育的学科建设与理论研究深化发展就会获得更大的智力支撑。

（2）专业建设所依托的学科建设必须具备一定的理论超前性。即在学科建设中，通过探索学科理论前沿，揭示学科领域内事物矛盾发展的基本规律，预测学科领域内事物矛盾发展的前景，引导学科理论发展趋势，并指导实践发展。思想政治教育理论的超前性，就是探索思想政治理论发展中的矛盾，揭示矛盾并解决矛盾。在解决矛盾的前提下发展，并且将思想政治教育理论与实践相结合，才能发现理论与实际的矛盾和问题，解决现实需求，完善理论，引导实践的发展趋势，并且对实际情况有一定的预测和指导作用。思想政治教学的超前性，直接关系到思想政治教育体系的拓展、完善、提高，进而关系到思想政治教育专业研究生、博士生的深度研究。

思想政治教育在研究的向度上，是善于思想政治教育经验的总结、对规律的研究和揭示，对其他学科研究成果和研究方法的借鉴，对传统文化方面的创新，可见思想政治任务之重。

在研究的广度上来分析：是以思想政治教育的理论、方法、价值论等宏观方面为基础，进一步深入研究思想政治的新特点、新内容。

在研究的深度上，是从思想政治教育结构内容上进行深入的研究，不管是从思想教育方面，还是从道德、心理方面，都进行了全面、系统的研究，比较其中的差异，把握不同教育实践中各自的特点和规律，进而深入提炼总结思想政治教育一般的特点和规律。

（3）专业建设与发展必须不断适应和满足国家的发展，满足社会市场发展的需求。现如今，我国的思想政治的发展，不仅仅是思想教育方面，还关乎国防、航空航天、科研等多个领域，培养专业的目的性人才，以服务国家和社会。

以习近平新时代中国特色社会主义思想为指导，以全面贯彻落实党的十九大精神为主线，以大力提升高校基层党建和思想政治工作质量、培养担当民族复兴大任的时代新人为目标，切实增强政治意识、大局意识、核心意识、看齐意识，坚持稳中求进总基调，全面贯彻党的教育方针，落实立德树人根本任务，写好“奋进之笔”，努力构建全员全程全方位育人新格局，开创新时代高校思想政治工作新局面。

具体内容有：

（1）不断深化宣传阐释。坚持不懈推进习近平新时代中国特色社会主义思想进教材、进课堂、进师生头脑，使党的创新理论全面融入高校思想政治工作。会同中宣部、中组部编写《2018年领导干部上讲台宣讲要点》。组建“优秀辅导员讲师团”和“大学生骨干宣讲团”，深入开展“双团双巡”活动，大力推动习近平新时代中国特色社会主义思想的宣传阐释。依托党团组织、学生理论社团，深入开展宣讲对谈活动，做到班班讲、人人懂，积极探索推广宣传阐释常态化、制度化的有益经验和方法途径。推动开展“习近平教育思想学悟行”“学习进行时”“行动进行时”系列宣传。会同人民出版社编写出版“新时代系列”通俗理论读物。加强师生形势政策宣传教育。会同中宣部等部门组织举办系列报告会，深入解读党的十九大作出的重大决策部署，引导干部师生不断增进政治认同、思想认同、情感认同。

（2）做好高校统战工作。着眼于凝聚人心和力量，构建大统战工作格局，大力提升高校统战工作科学化水平。会同中央统战部推动《关于加强新形势下高校统一战线工作的意见》精神贯彻落实。在党外知识分子中开展“跟党迈进新时代·同心共筑中国梦”主题教育。指导高校搭建统战工作研究交流平台载体，加强高校统战理论和实践研究，完善统战工作信息报送和宣传机制，指导举办高校统战工作论坛。

（3）统筹推进课程育人。大力推动以“课程思政”为目标的课堂教学改革，实现知识传授、价值引领和能力提升的有机统一。会同相关司局研究制订课程育人指导意见，聚焦一批意识形态属性较强的学科，组织力量研究梳理其所蕴涵的思想政治教育元素，并融入课堂教学各环节，培育选树一批学科育人示范课程，建立一批课程思政研究中心，充分发挥各门课程的思想政治教育功能。

## 第二节 高校课程建设标准

### 一、本科教学工作水平的标准考察

本科的教学工作水平的评估，对课程建设非常重要，课程建设是否专业，教学工作水平占据了很重要的位置。高校课程建设的标准有四个：教学内容与课程体系改革、教材建设与选用、教学方法与手段改革、双语教学。根据对这四个方面的观察，对课程进行构建，见下表。

本科教学工作水平评估考察要点

| 一级指标 | 二级指标 | 主要观测点 | 参考权重 | 等级标准 | |
|---|---|---|---|---|---|
| | | | | A | C |
| 专业建设与教学改革 | 课程建设 | 教学内容与课程体系改革 | 0.3 | 总体思路清晰，具体计划和配套措施有力，执行良好，改革成效显著，有一定数量获省部级（含）以上成果奖励（包括教学成果奖、精品课程等） | 有思路、计划和措施，有一定成效 |
| | | 教材建设与选用 | 0.3 | 有科学的教材选用和评估制度，执行严格，教材选用整体水平高，使用效果好；针对本校的优势学科，有支持特色教材编写的规划和措施，成效好，有一定数量的获省部级（含）以上奖励的教材 | 有科学的教材选用和评估制度，主干课程选用同行公认的优秀教材；注意选用近三年出版的新教材（特别是理工类、财经政法类和农林类专业） |
| | | 教学方法与手段改革 | 0.3 | 积极改进教学方法与手段，成效显著；必修课应用多媒体授课的课时不少于5%，有一定数量自行研制开发的多媒体课件，教学效果好 | 注意改革教学方法与手段，多媒体教学技术有一定的使用面 |

续表

| 一级指标 | 二级指标 | 主要观测点 | 参考权重 | 等级标准 | |
|---|---|---|---|---|---|
| | | | | A | C |
| 专业建设与教学改革 | 课程建设 | 双语教学 | 0.1 | 有实施双语教学的激励措施和政策；适宜的专业特别是生物技术、信息技术、金融、法律等双语授课课程比例不小于10%，教学效果较好，其他专业能积极实施双语教学 | 重视并积极实施双语教学；双语授课课程达到一定比例 |

从表4-1中可以看出课程的建设有一定的考核标准，而且也有参考权重来衡量知识点的重要性。从表中还可以看出等级标准的划分，这些都说明了课程建设的严谨性。

## 二、教材建设与选用标准考察

教材建设要完善教材的评审、评价、选用机制，要对教材严格把控，严格检查教材的质量，要选用高质量的精品教材，对教材定期更新，以方便学生走出校门后可以更快地融入社会。还有一个重要问题就是教材要有特色，既能适应社会，又能激发学生的积极性。但并不是所有学校都有能力进行教材构建，要做好教材的选用，特别要强调教材的评审、评价、选用机制。

高校选教材的模式有：专业型选用模式、专业与法理混合型选用模式、整合型选用模式等。

### （一）专业型选用模式

专业型选用模式的典型案例如下：

某老师是西北某高等院校的法学院的副教授，无行政职务，主要教授《民法学原理》。该老师作为法学院的法学老师，所授课程是《民法学》，这种“天然”地选定这门课程教材的权利是由他的专业身份决定的，虽然在民法方向学院还有其他教师，但其他教师并不直接参与《民法学原理》课程的教学。通常专业型选用者具有以下特征：具有较高的专业学历背景，同时也有专业研究领域；具有一定的专业职称，比如教授、副教授职称；直接教授该课程。

该老师在熟悉的圈子里身兼数职，不仅是法学院里的一名教师，授知识于学生，还在学院里的研究中心工作，深入研究法学领域的知识，补充我国法学上的漏洞。从自身的角度来说贡献了一分力量，从国家来说弥补了我国法律上的漏洞，使得我国的法律更加完善健全。只有老师的学问高深，才能在教材选择方面提供建议。

在教材以及教辅方面，该老师可以多给学生一些选择，让学生自由购书，经常和学生沟通，就知道学生的迷茫点和讲解知识的切入点。该教师还可以在班级里统一给学生意见或者建议，让教务处的相关工作人员统一采购教材。总之，在教师的建议下购书是比较可靠的，教师是以专业的角度来推荐教材的。

（二）专业与法理混合型选用模式

专业与法理混合型选用模式的典型案例情景为：某老师是某学院的英语教师，所授课程是《语言学》。令人好奇的是该老师并不担心教材的选用问题，教材选用的问题，基本上和专业型所选用的教材一样，如果自己不教授该课程，其选用教材的模式与专业型选用模式一致。虽然教材选用没有问题，但是令该教师发愁的是全校大学英语教材的选用问题。按照该老师的理解是：英语老师们商量教材的选用，只是站在了自己能理解的角度来选用教材，并未和学生的理解能力联系在一起，一级本科中有学生4000～5000人左右，几位老师是不能替这么多学生做决定的。

其实，该老师说的也有些道理，如果能结合实际情况，再加上专业的知识来选择教材，这种决策就遵循了专业和法律型相结合的选用原则。简单地说就是结合了专业人员的教学意见，又能合法性地参与购书环节。

相信各大院校关于选用教材方面都各有流程，但学校与学校的实际情况不同，所执行的流程也就不一样了。

（三）整合型选用模式

整合型选用模式的典型案例情景为：某老师是东南某独立院校的校长，在通常情况下不授课。独立院校的董事会在学校的整个运营过程中扮演着双重角色，可以从两个角度来理解：①从产权的角度来讲，独立学院的董事会代表了学院运营的最高权力，学校里的较大的事宜都需董事会同意后方能实施；②从管理的角度来讲，在董事会下会有院长负责制定学校的规定和政策，董事会在此时扮演着委托人的角色。一方面，该院长是通过教务处来制定相关的章程，在学校选择教材之前，会让各位教师提出意见，选出最优的意见进行选购，但是最后决定权并不在教师，也不在院长，而是在董事会；另一方面，该院长积极开展统一教材建设，主要是为了能在全国院校中脱颖而出，有学院自己的特点。从教材的定价、装帧设计、教学理念等，再到节约成本，都是为了学校的正常运营和学生能学到真正有用的知识。

## 三、教学内容与课程资源建设标准考察

新建本科学校教学改革的重点和难点是教学内容和课程资源的建设，目前全国高校的课程资源建设都有相同的问题：课程建设的计划不够完善、规划性较差、教材的内容不够科学全面、课程建设的主次顺序不是很清晰，参与的工作人员摸不清重点和非重点，教学内容和培养目标不够清晰和完善，适应性还不够强。对上述问题，考察人员要求按照学校的特色，从专业的角度进行解决。首先目标要清晰，其次教材的主次顺序要明确，最后结合学校的实际情况一一解决其他的问题。对于教材的要求是大纲要严密、谨慎。对多媒体使用的考察则强调多媒体教学的合理使用和教学效果，而没有考察采用多媒体教学课程的比例，提出了有效利用网络教学资源的要求，为学生提供自主学习环境，培养学生的自学能力。

### （一）课程资源考察要点

对课程资源进行考察时，包括3个考察要点：课程建设规划与执行；课程的数量、结构及优质课程资源建设；教材建设与选用。

课程资源在这里包括了课程、教材内容、网络资源、网络宣传、学科的分类、科研资源、教辅等，都是课堂教学及其他教学活动的基础。如果想要知道一个学校是否加强了对课程资源的建设、课程资源建设是否科学合理等，需要对实际的考察和实践过程进行考评。考察学校开设的课程是否充足，是否能够满足学生的需要，必修课与选修课比例是否合理。考察的课程既包括理论课程，也包括实践课程；教材的选用在于适应本专业的培养目标，有科学的教材评价与质量监管机制，而并非全部选用获奖教材就代表高水平。

### （二）课堂教学考察要点

课堂教学含4个审核要点：教学大纲的制订与执行；教学内容对人才培养目标的体现，科研转化教学；教师教学方法，学生学习方式；考试考核的方式方法及管理。

课堂教学是学校人才培养的主渠道，是提高教学质量的关键环节。考察时要关注学校是否对每门课程都制定了课程大纲并能够严格地执行，各门课程的教学内容能否满足服务于人才培养的目标；学校是否积极促进科研成果转化为教学内容，真正做到科研服务于教学；是否重视备课、讲授、讨论、作业、答疑、考试等各个环节的质量；是否真正落实了“高教三十条”提出的推进教学方法创新的要求；课堂教学过程中是否体现了以

学生的学习为中心，是否积极推进对多媒体课件使用效果的评价，充分发挥网络优质教学资源的作用，提高教学质量。

## 第三节　典型课程建设与管理

典型课程的建设是实时更新的，为了适应社会和经济的发展，更是为了人类文明的发展。典型课程的建设与管理也是一项非常困难的工作，为了阐述得更清楚，本节以网络建设课程为例，进行介绍。[1]

### 一、精品课程的设置

精品课程一般都具有一流的教师队伍、一流的教学内容、一流的教学方法、一流的教学管理，为国家为社会培养一批又一批拔尖的专业创新人才。

（1）精品课程网站建设的背景。

精品课程网站是在社会经济的发展以及积极贯彻落实党中央深化改革，推进教育创新的时代要求下应运而生的。为了满足祖国的需要，也为了让祖国变得更加繁荣富强，精品网站的建设很有必要而且意义重大。

（2）精品课程网站建设目标和要求。

精品网站要结合专业特色和人才培养的目标进行专门设计和制作。精品网站的建设必须符合精品课程都是一流的特点。网站的功能和内容都需要有专业特色的体现，版面清晰美观、导航清楚有逻辑、功能齐全整洁，这些都是精品网站建设的目标和要求。

精品网站的建设必须坚持“以服务为宗旨，以就业为导航”的方针，提高师资队伍，提高教学质量，改革教学内容，建设能够适应新形势的现代化教育课程，让精品课程网站具有模范作用，更好地体现精品课程的先进性和示范性。

（3）精品课程网站建设的内容。

第一，精品课程网站界面的设计。一般来说，课程界面应该提供多套模板备用，界面可以根据需要随意调整和切换，用户也可以根据自己的喜好随意选择模板，每套模板至少做到导航清晰，版面美观大方、简

[1] 朱欣欣. 教师教育教学能力构成的研究[J]. 教育评论，（5）24-26，2004.

洁实用。

第二，在精品网站的建设过程中，课程栏目需要能灵活增加和删除，包括课程介绍，每一门课需要学习多少课时，以及基础课程，升级课程等，这些课程在业内的水平占比和排名；教师队伍，教师团队按照学历、资历和教学水平、特长等综合能力进行细致的阐述和排名；最好的课程是理论联系实践，所以必须有实践教学部分；要有课程的考核、基础知识的考核以及课外拓展的考核等。

师生互动、在线答疑也是必有的栏目。通过网络的互联互通，在线答疑解决了有问题找不到老师的窘境，也解决了地域的制约和时间的制约。精品课程的网站建设还需要能够保存学生的学习记录，以及学生问过的问题，然后根据学生的不同情况，进行有针对性的辅导。

第三，把课程负责人提供的资源和栏目设置等上传服务器，当然这需要专业的运营人员进行编辑和优化后再传到网上。

第四，完善的后台管理系统，要做到用户的信息与学院中心的数据有效对接，还能自动备份课程资料。

第五，精品课程网站的验收，这需要专家对网站建设功能等进行评审和验收。

第六，建站后期的运营和维护，建站完成后可以让运营人员进行维护，也可以让建站公司提供后期服务和技术服务，但后者需要付费。

教育部对教材的课程开设有以下看法：

（1）各地教育行政部门要对本地区高校使用的教材进行一次全面排查。对以校本课程教材、境外课程教材替代国家课程教材，或使用未经审定的教材等违规违法行为，要坚决予以纠正和清理，将排查情况报教育部教材局。

（2）教育部教材局将组织专家对有更改内容的教材进行研判，提出处理意见。相关编写出版单位要根据教育部反馈的处理意见认真整改，于2019年春季学期开学前完成相关工作。整改后的教材，经批准同意后方可继续出版使用。

教育部教材局将加强对教材使用的跟踪检查，不定期组织抽查。2019年春季学期开学后，仍然存在擅自更改内容的教材必须退出使用，教材选用单位须启动重新选用工作；对仍以校本课程教材或境外课程教材替代国家课程教材等违规违法行为，由上级教育行政部门责令限期改正，视情节轻重予以通报批评，并依法对相关责任人进行追责。

审核通过的课程，与高等教育出版社签署知识产权共享保障协议，统一在“爱课程”网以“中国大学资源共享课”形式共享使用，接受评价；

社会反响良好的，教育部给予“国家级精品资源共享课”称号；审核未通过的课程予以淘汰。此次课程建设首次明确强调了高校在课程建设中的主体职能和省级教育行政部门的监管职能，课程建设的成果受知识产权保护，建设成效接受社会的评价，实行淘汰制。

2013年年初，为深入推进十八大精神“三进”工作，教育部与中国共产党中央委员会宣传部（以下简称中宣部）启动了思想政治理论课教材和教学大纲修订工作。同年9月，为确保资源共享课准确、全面反映教材和教学大纲修订的基本精神和主要内容，更好发挥示范、引导作用，对资源共享课进行相应的调整和完善，下发《关于思想政治理论类资源共享课依据2013年新修订教材进行完善的通知》。

第一批在网上开放的课程共有120门课程，包括理学、文学、法学、经济学等。

第二批国家级精品资源共享课共确定1091门课程入选，其中本科教育课程675门、高职教育课程336门、网络教育课程80门，除军队院校项目外，其他每门课程给予10万元经费。

第三批国家级精品资源共享课共确定1540门课程入选，其中本科教育课程1100门、高职教育课程440门，除军队院校项目外，其他每门课程给予10万元建设经费。

教育部职业教育与成人教育司组织专家评审，第四批国家级精品资源共享课共确定80门网络教育课程入选，每门课程给予10万元建设经费。

2013年，教育部高等教育司出台了《国家级精品资源共享课项目管理办法》，对质量保障和监督职责分工、课程上网要求、网上资源的维护与更新、结项要求、课程的监督管理等内容提出了具体要求。

## 二、“精品视频公开课”建设与管理

2012年，根据《教育部关于国家精品开放课程建设的实施意见》，“十二五”期间，教育部、财政部实施的“高等学校本科教学质量与教学改革工程”中立项建设1000门精品视频公开课。在“985”高校建设的基础上，2012年将精品视频公开课的建设范围扩大至“211”高校及少数学科特色鲜明的高校，共建设350门，并对精品视频公开课的建设目标与任务、组织与管理、基本要求、推荐与遴选程序及材料要求等内容作了具体规范（《关于开展2012年度精品视频公开课推荐工作的通知》）。

2012年4月，教育部高等教育司启动了2012年精品视频公开课建设工作，全国地方教育行政部门及部属高校共择优推荐了534个视频公开课选题

（课程）。经专家严格评审，218个选题（课程）列入2012年第一批精品视频公开课建设计划；150个选题（课程）基本符合视频公开课建设要求，但需进行完善，完善情况列入第二批建设计划；166个选题（课程）不符合视频公开课建设要求，不列入2012年精品视频公开课建设计划（《关于启动2012年精品视频公开课建设工作的通知》）。

2012年6月，112所高校对150个视频公开课选题进行了整改，148个选题列入2012年精品视频公开课第二批建设选题名单（《关于公布2012年度精品视频公开课第二批建设选题名单的通知》）。

2013年，教育部高等教育司启动组织建设350门左右科学文化素质教育类、专业导论类和就业指导类精品视频公开课（《关于开展2013年精品视频公开课建设工作的通知》）。

科学文化素质教育类课程建设鼓励国家大学生文化素质教育基地参与建设，鼓励高校深入挖掘名师名课资源，鼓励对视频公开课的教学内容、教学模式和教学方法进一步创新。有条件的高校可建设英文或中文授课配中英文唱词的中国传统文化类课程，推动中国传统文化课程走向世界。就业指导类课程是在“全国高校职业发展与就业指导示范课程”建设结果的基础上进行试点建设。专业导论类课程试点建设30门左右，针对《普通高等学校本科专业目录（2012年）》的92个专业类进行建设，主要面向“985”“211”高校的优势学科，可单独申报也可牵头组织多所学校联合申报。[1]

## 三、MOOC在我国的发展及展望

### （一）MOOC在我国的现状

随着国内各大知名高校MOOC平台的建立，已经有越来越多的大学生开始关注这种低成本的网络学习模式，如果将率先开启MOOC的一批高校看作MOOC在中国的试点工程，那么目前仍有许多高校对这一模式的收效持观望态度，当然，还有相当一部分的高校和大学生对于MOOC了解甚少，甚至是零接触。

据2014年浙江财经大学与海南大学在“问卷星”问卷调查网站发布的关于MOOC的调查问卷结果显示，参与浙江财经大学调查的802位大学生

---

[1] 朱湘萍，刘春燕. 教学语言技能在物理教学中的作用[J]. 湖南科技学院学报，2005，26（5）：229-231.

中，有63.19%的人没有听说过MOOC，72.43%的人没有使用过MOOC平台。参与海南大学调查的753位大学生中，84.06%的人对MOOC并不了解。目前，大学生使用的网络课程资源主要来自于网易公开课，这一平台也为广大高校学生所熟知，知道MOOC平台的大学生对于MOOC的了解和运用也主要是通过中国大学MOOC及果壳网的MOOC学院，高校创办的MOOC平台还有待普及和推广。

经济学家汤敏认为，未来的教育很可能是定制化的，企业招聘注重的不仅是本科学府，而是拥有多所指定名校不同指定课程的认证证书，以此作为企业选用人才的标准之一。当然，这是所有MOOC先驱们对教育改革前景的期待，而基于眼下MOOC在中国的发展现状，本书也对未来中国高校的“MOOC”之路作了调查，以全国顶尖学校为例。

随着清华大学、北京大学加入MOOC建设，国内掀起了MOOC热潮，清华、北大牵头的C9联盟，上海交通大学带领西南片区高校成立的C20联盟推出了自己的MOOC平台“好大学在线”，国内三大网络公司BAT（百度、阿里巴巴、腾讯）也开始探索MOOC模式的在线教育，并有一定的实践，如腾讯的腾讯课堂、百度投资的传课网、淘宝网的淘宝同学等。

（二）我国MOOC的建设进程

我国从2003年开始正式建设国家精品课程，2006年计划完成3000门，2010年计划完成3909门；同时，校、省两级计划完成20000多门。2013年，国内高校掀起MOOC建设热潮。我国高校的MOOC计划大致分为三种方式：一是通过国外已有的建设平台推出课程，如北京大学、清华大学、复旦大学、上海交通大学等；二是学校自主开展MOOC平台建设，如清华大学“学堂在线”、上海交通大学“好大学在线”；三是政府主导、企业参与，如“爱课程”网中国大学MOOC平台。

2011年初，国家精品开放课程与共享系统建设项目启动，在对原国家精品课程建设情况及MOOC建设深入调研的基础上，确立了以“课程知识产权为核心，面向高校生、师并兼顾社会学习者”的建设定位，确立了“公益性+市场化”的课程可持续建设与使用新机制。

2011年11月9日，首批20门课程上线，国家（中国大学）精品视频公开课在“爱课程”网、网易、中央网络电视台同步上线。目前，已有29批666门4867讲国家（中国大学）精品视频公开课在线上网。

2012～2013年，3909门国家精品课程中的2911门完成了转型，升级为国家精品资源共享课，其中1605门已在“爱课程”网上线。

（三）我国高校MOOC建设中的认识与思考

MOOC从被提出到迅速在全世界教育范围内发展，对高等教育改革具有深远的意义与影响，它实现了信息技术与教育教学的紧密结合，提供了一种新的知识传播模式和学习的方式，以前所未有的“大规模、开放式”使得个性化的学习成为可能，使得不同人群共享优质教育资源，促进终身学习成为可能，也使得加快实现高等教育普及化、促进教育公开成为可能。

MOOC的产生与发展，倒逼我国高校必须走以质量提升为核心的内涵式发展道路，深化教育教学改革，创新教学方法、手段和人才培养机制，不断满足人民群众接受高质量、多样化、更加公平的高等教育需求。MOOC的产生与发展促进了高校教学方式的变革，其对高等教育的影响不仅表现为对高等教育提出的挑战与推进变革，而且也为与传统高等教育融合和结合提出了多种可能。一定意义上说，MOOC正在促进高等教育教学方式方法和学习方式方法的变革，朝着教学方法的混合化、教学资源的开放化、学生学习个性化和学习过程社会化方向转变。

MOOC具有传统教学方式不具备的优势：一是能最大限度地增加一流教师的授课对象；二是能丰富教学的手段、增强教学的吸引力；三是能调动学生参与、促进教学互动，使用MOOC可开展“翻转式教学”；四是能促进学生自主学习和个性化学习，做到个性化学习服务；五是能摆脱教学时间的束缚。MOOC的优势正与传统教学融合与结合，目前主要方式有以下三种：

一是平行式。MOOC作为传统课程教学的拓展和补充，不影响已有的传统教学。

二是替代式。学生学习MOOC，取得证书与学分后可替代学校内的相应课程的学分。

三是混合式。在传统教学过程中嵌入或者引用MOOC作为课程的部分教学资源。

（四）中国大学推进MOOC课堂教学实践中应关注的几个误区

（1）所有学校都在网上开设MOOC课程。MOOC是在一个固定的时间段，由一个教学团队在网上开设课程，并按照教学要求完成一个教学环节，它对课程建设基础、师资水平、网络技术水平和平台服务水平都有着较高的要求。所以，在我国建设MOOC课程时，建议部分有基础、有能力的高校建设适应教育教学需求和信息技术发展的高质量课程资源，并将这些高质量的课程资源通过资源共享平台及时地输送到其他高校，有效实现优质资源共享与应用。其他大部分高校主要是借鉴与运用MOOC先进的教学理念，采用翻转课堂教学、混合式教学等教学方式来共享课程，推动本校教学模式的改革，既能充分体现出MOOC的五大优势，又能实现降低教育成本，切实促进教育教学改革，提高教学质量和学习效率的目的。

（2）所有课程都做成MOOC课程。目前的实践显示：纯粹的“人机对话”模式不利于提高学生的综合素质，其质量与传统教育相比存在较大的不足，美国MOOC教育在实践过程中开始暴露一系列问题，如由于其课程教学的强制力不足，导致教学的效果被打折扣；教学缺乏面对面互动的课程，导致教师认可度较低；配套建设的滞后（如网络教育区域发展的差距、知识产权保护机制的不完善等）制约其长远的有效发展。

（3）充分运用先进信息技术的课程就是优质课程。先进技术的应用只是为课程建设提供了便捷的技术手段，但如果缺乏深厚的课程建设基础，缺乏优质的课程团队支撑，缺乏高质量的教学内容，不按教育教学的规律实施教学，无论使用多么先进的信息技术来构建MOOC课程，也不会被高校、学习者与社会认同。

（五）我国大学MOOC建设的定位与内涵

美国和其他西方发达国家的MOOC课程建设，特别是通识课程的建设大都代表着西方的价值观和取向，在我国高校计划MOOC课程切忌丢掉高等教育教学传统的教学优势、特色和做法，照抄照搬，盲目效仿；我们要深入研究MOOC（Massive Open Online Course）的内涵，明确我国国情下中国大学MOOC建设的特色定位与做法。

全国高等学校教学研究中心“爱课程”中心在“爱课程”网中国大学MOOC平台建设运行实践中认为，中国大学MOOC的建设理念为：在“扎根中国大地办大学”的进程中，建设适合中国国情、具有中国特色的中国大学MOOC，要深入思考、解析与明确建设中国大学MOOC（高等学校在线开放课程建设）的目标、定位与内涵。

1. 建设定位

建设目标：深刻认识MOOC突破了传统课程对时间和空间的限制的实际意义，在充分运用国内外优质课程资源的基础上，运用信息化手段把传统课堂与在线课程有机融合，在大力推动翻转课堂和混合式教学中创新课堂教学模式，改进教学方法，建设更多中国特色MOOC，提高教学质量；展现我国高等教育成就，传播我国优秀文化，大力培育和践行社会主义核心价值观，推动我国高等教育更加开放，增强中华文化国际影响力。

建设对象：服务在校学生、提高教学质量、惠及社会学习者。

2. 建设内涵

Course：立足本校，具有本校特色、服务本校课程教学，推进本校教学的改革，提高本校课程教学质量的课程，同时也能惠及其他高校和社会。

Massive：本校有一定的授课规模，在全国高校中有相对较多的学习人群和课程。

Open：展现我国高等教育的成就，推动我国高等教育更加开放，传播我国优秀文化，增强中华文化国际影响力，符合与践行社会主义核心价值观，大力弘扬和践行社会主义核心价值观，适合高校与社会传播的课程。

Online：教学内容适合在互联网上传播的课程。

符合以上计划内涵的MOOC课程，才是对中国高等教育有益、有利，被全国高校普遍接受的课程，而不能简单地停留在互联网传播层面。

（六）我国大学MOOC平台

中国大学MOOC平台是“爱课程”网的重要组成部分，预计有6000门以上课程陆续上线，是一个大平台。随着MOOC平台的上线，“爱课程”网基本完成了中国大学视频公开课、中国大学资源共享课、中国大学MOOC课程、中国大学集成创新课，以及高校课程应用平台的整体部署。中国大学MOOC平台是自主研发平台，平台由“爱课程”中心负责、设计，充分考虑到我国高校教师教学习惯和精品资源共享课建设成果，兼顾学校教学管理需要，软件由“爱课程”中心和网易公司共同开发，充分发挥网易在互联网与在线教育两个领域的领先优势和特长。中国大学MOOC平台深入研究和借鉴了国外主流MOOC平台的特点和优点，形成了自己的教学活动管理特色。其教学内容发布、教学活动管理、学习成绩管理、学习记录与大数据分析、证书发放等各个环节，均不逊色于任何一个国外平台。同时，具有国外MOOC平台不具备的在线同步（直播）课堂功能，平台的互联网服务（带宽和并发访问量）能力是世界一流的。

目前，“爱课程”网站的三级体系初步形成：“爱课程”网中心站、“爱课程”省节点、“爱课程”校网端、“爱课程”江苏试点和“爱课程”移动学习APP。

## 五、SPOC的建设与管理

MOOC具备远程教育的优势，传统课堂能够弥补MOOC无法面对面交流和进行实践活动的缺点，将MOOC与传统课堂进行有机融合与结合是MOOC可持续发展的途径之一，MOOC重要的发展趋势就转变为课堂教学工具，也就是进入SPOC时代，将传统的“课上听课，课下答疑”翻转为“课上讨论，线上学习”。

（一）SPOC的概念与类型

SPOC翻译过来的名字为“小规模的在线学习课程”，在我国一般称作“私播课”。大多数人认为这个课程的最早提出者是福克斯教授。其中，

“S”和“P”分别是small和private，是相对于MOOC而言的。Small在这里指的是小规模，一般是几十人最多几百人听课；Private在这里并不是私人的，而是对学生的限制性条件，达到要求的申请者才能进入，并成为会员。

SPOC建设，开始对教师有了新的定义，对教学模式也有了一定的创新。首先，我们不以SPOC课程建设点阐述，先从MOOC开始阐述。MOOC丰富了传统的教育，使得教师有机会服务于全球，在专业的领域里有一定的知名度。其次再阐述SPOC课程，可以让教师更自然、更好地回归校园，回归讲台，开设小型的在线课堂。在上课前，教师是课程资源的学习者和整合者。教师们在课前把要讲授的知识点提前学习和整理，然后再讲授给学生。教师们不必像传统的教师一样成为视频的主角，也不必为了讲座详细地整理每节课程，而是通过授课，根据学生的需求整合各种线上和实体资源。在课堂上，教师扮演着指导者的角色，讲解完每个知识点之后，会组织学生研讨，随时为学生提供指导，和学生一起共同解决遇到的难题。SPOC创新了课堂教学的模式，让每个学生都积极地参与到学习的过程中，激发了课堂的氛围，使学生的被动态度转为积极学习的态度。

SPOC课程自动评分功能可以帮助教师避免重复性活动，节约了大量的时间，使教师有足够的时间集中精神在教学上。在SPOC的教学模式下，能达到MOOC讲座所不能达到的效果。但不管是SPOC还是MOOC，都是为了让广大学生受益，让每个教育者实现自己的价值所在，让教育事业得到多元化的发展，这也是21世纪最新的“教科书”。

（二）SPOC的优势及发展趋势

随着MOOC平台、上线课程与学生注册人数的迅速增多，MOOC课程的质量危机越来越突出。实践证明，MOOC在发展过程中对提供课程的学校和学习者都存在待解决的问题。香港大学苏德毅教授分析了MOOC的发展优势与存在的不足，指出了“不设立先修条件、没有规模的限制”是MOOC的发展优势，但也是其发展局限。不设立先修条件，学习者的注册率高，但学习者的知识基础参差不齐，能够坚持完成的比率较低，影响学习者的学习自信心；同时，由于多数学习者不能按既定要求完成学习任务，也影响教师的教学积极性。对学生来讲是完全免费的在线教育，但对学校来讲却需要支付课程制作、教师工作量薪酬、平台使用等多项费用，难以持续发展。另外，部分授课教师的授课方式未能完全符合MOOC的理念，上线的课程有部分是用先进的信息技术新加工的教学材料，授课的质量受到一定的影响。当前，MOOC对大学实体课程的影响较小，所以，加州大学伯克利分校等开始跨越MOOC，尝试小而精的SPOC模式。

SPOC在以下几方面优越于MOOC：

第一，SPOC在推动大学对外品牌效应的同时，促进了大学校内的教学改革，教学质量也不断地提高。如前文所提到的，SPOC最大的优点就是节约了教师的大量时间，可以让教师有精力、全身心地投入到教学中。SPOC的课程不但灵活，而且很能活跃学习气氛，使得大学教育质量不断提高，学生成绩不断上升。

第二，SPOC为MOOC提供了可持续发展的模式，成本较低，可创收。

第三，SPOC创新了教学模式，重新定义了教师的作用。SPOC让教师重新回归校园，成为课堂的真正掌控者。课前，教师要根据学生的需求整合各种线上和实体资源；课堂上，教师组织学生分组研讨，为学生提供个性化指导，共同解决遇到的问题；SPOC创新了课堂教学模式，激发了教师的教学热情和课堂的活力。

第四，SPOC增强了学生的学习动机，为学生提供了深入学习体验的机会，有利于提高课程的完成率。

# 第五章
# 高校教育教学信息化管理建设

高校信息化建设是信息化建设的前沿阵地，是信息时代的弄潮先锋。教育部对我国高校信息化建设高度重视，目前我国高校信息化教育水平明显提高。本章即介绍我国高校教育信息化的发展现状、进展、教学方法、教学资源等。

## 第一节　高校教学信息化管理

### 一、高校教育信息化的发展进程

教育部曾做出有关高校信息化教育的战略部署——教育信息化工程，在此形势下，开始实施了众多高校教育信息化建设工程，使得学校的信息化教育水平显著提高，并提出了校园网、数字化校园、教育信息化等多种提法和概念。为了对教育信息化概念认识一致，我们需要对这几个名词进行分析理解。

通常情况下，校园网是指一种集成应用系统，由计算机、网络技术设备和软件等构成，服务于学校教学科研、管理和后勤等。通过广域网的互联，校园网还是满足远距离信息交流和资源共享的局域网络。从上述内容可以看出，网络系统（也就是硬件平台的建设）是校园网的侧重点。

1990年，“数字化校园”提法出现，一项名为“信息化校园”的大型科研项目由美国克莱特蒙大学教授（Kenneth Green）发起。从此之后，在教育界有识之士的日程中增加了一项内容——建设虚拟校园。经过多年的演变，最终成了“数字化校园”，即在计算机技术、网络技术等技术的基础上，将学校与教学科研、管理和生活服务等有关的各种信息资源数字化，并且通过科学规范的管理形式对这些信息资源进行整合和集成，使得用户管理、资源管理和权限限制统一起来，将学校建设成为一个超越时间和空间的虚拟大学，既面向校园内，又面向社会。在传统校园的基础上，数字化校园构建了一个数字化空间，拉伸了校园的时间和空间维度，使得传统校园的效率更快、功能更全。与校园网相比，数字化校园的概念具有更加丰富的内涵，将硬件设施建设、网络系统建设、教学科研管理、生活服务等各方面都包含在内，实现了全面数字化服务。从概念上来说，数字化校园的侧重点是虚拟大学的状态和功能。

教育信息化概念的出现时间是20世纪90年代，与数字化校园概念出现时间非常接近，教育信息化概念的提出与信息高速公路的兴建有关。“国家信息基础设施”（National Information Infrastructure，简称NII）是由美国克林顿政府提出的，通常我们称其为“信息高速公路”（Information Superhighway），其主要是发展以Internet为核心的综合化信息服务体系和推进信息技术（Information Technology，简称IT）在社会各领域的广泛应用，特别是把IT在教育中的应用作为实施面向21世纪教育改革的重要途径。[1]对于美国的这一举动，世界各国作出了积极的反应，因此加速了多数国家的信息化教育进程。

在大多数西方国家，“信息化”的提法不被采用，他们多使用“信息技术的教育应用”（ITE）。20世纪90年代末以后，我国网络技术得到迅速发展，在全社会的普及度也大幅度提高，信息技术对社会发展的影响越来越大，期间陆续地出现了多种提法，包括“社会信息化”“信息社会”“信息化社会”等，推进信息化建设的主力军之一是“教育信息化”。

## 二、地方高校教育信息化建设现状

教育跨越式发展必须经历的一条道路是信息化带动教育现代化。这是一场由信息技术革命引起的教育变革，该变革深深地影响了教育的各个领域。在教育信息化方面，地方高校开始得比较晚，相对其他地方发展滞后。面对这一历史机遇，地方高校应该紧紧抓住。在信息化时代，高校生存、发展和竞争制胜的有力武器是强化教育信息化，教育信息技术管理的强化可以有效地促进高校的信息化建设。

### （一）信息化建设人力资源缺乏

目前，还有许多管理人员没有透彻了解教育信息化概念，更不知道如何建立学校的教育信息化。现代教育技术管理人员采用的理论导向不正确，使得学校教育信息化发展止步不前，管理模式老旧，工作人员工作效率不高。学校信息化建设的发展受到建设人员信息化水平的影响，目前提高管理人员信息化水平成为关键环节。

信息化建设的参与人员之一是普通教师，他们也是很重要的一部分。针对高校课件使用情况，对江苏省盐城工业学院进行了调查，统计结果显示：使用信息技术手段上课，认为教学效果较好的学生有20%，认为教学效果一般的学生有30%，认为教学效果较差的学生占了一半。究其原因，

---

[1] 元克. 高校教育信息化建设的发展进程与系统构建[J]. 吉林省经济管理干部学院学报，2007（06）：95-97.

课堂教学效果不仅受到教学课件的影响，还在很大程度上受到教师本身教学素质的影响，只有两者兼顾，才会有较好的教学效果。课件质量高，教学效果才有可能提高。提高教学质量的前提条件是学生认可，除此之外，还得将各种有效资源提供给教师，提高教师信息化理论和实践水平，对教育资源、教育理论和教育实践进行全方位的整合和研究，保证在教学过程中将信息技术应有的作用发挥出来。为了解决信息化建设人力资源缺乏这一难题，必须要做的是提高学校管理人员和参与人员的信息化水平，增加全民参与信息化建设的积极性。

（二）投入与产出效益比例失调

在教育信息化刚刚兴起的时候，人们的关注点大多数都是技术解决方案，对于资金投入、作用、人均成本、效果、前期成本与后期投入等问题，很少有人考虑，对降低教学成本的问题深入研究者很少。在上述问题没有完全弄清楚之前，很多项目就急忙推出，导致现在出现了非常严重的闲置情况。初期建立校园网时，很多学校花费巨大，但其使用率却很低，经过几年的闲置，设备老化，造成了严重的资源浪费。

为了应对本科教学评估，很多学校在建立多媒体教室方面投入大量资金，有的学校多媒体教室覆盖率高达80%，但是有许多课程不需要使用多媒体设备，如此一来不仅增加了教育成本，还造成了大量的浪费。以投影机为例，一台投影机的总持有成本不只是购买费用，还包括维护费用和更换部件费用，而影响投影机总持有成本的因素包括售价、滤网的清洁与更换、灯泡的更换和光学面板的清洁与更换等。比如，一所高校有80个教室装有多媒体设备，那么每年更换投影仪灯泡，费用为12万元；每年对设备进行维修，维修费15万元。换句话说，持有一台投影机更多的花费是后期的维护，不是售价。若想减少后期维护的费用，可选择不需要滤网的DLP投影机，不仅可以省下一笔购买费用，还可以省下一笔后期更换滤网及维护的费用。

根据不同的教学内容，我们可以选择不同的课堂教学媒体，比如使用黑板、幻灯、电视、多媒体等。不同的课程使用不同的教学媒体，取得的效果差异非常大。对于计算机辅助设计、应用软件、机械制图等课程来说，教学效果最好的方式是使用多媒体；对于高等数学、大学物理等课程来说，教学效果最好的方式是以教师讲解为主、计算机辅助教学为辅。现在许多青年教师把讲课的内容做成电子讲稿或幻灯片，并且主要是文字，上课时教师利用无线话筒按讲稿授课，不对课堂教学进行媒体设计，学生不愿意听，教学效果较差，教学效率也因此下降。高投入，却换来低产出，不正确的信息化应用方法同样也制约着学校教育信息化建设的发展步伐。

（三）网络的应用效率不高

随着高校规模发展迅速，校区迅速增加，相应增加的是高校之间的资源共享要求。为了提高教务管理的效率，要求尽快将教务管理信息系统网络化。学校网络的建设具有两个作用，一是共享资源，二是增强教学辅助功能。如某些高校的教务管理系统不具有教学辅助功能，它的作用仅是教务管理。在地方高校的网络教务管理信息系统中，应加强教学辅助功能，将“教学是教务工作的中心”这一点体现出来。网络系统还需要提高其智能性和安全性。如应将智能代理技术应用于教务管理系统，使得教务管理者对教学的管理更加轻松、教师教学活动更加方便、学生查询信息更加方便等。校园信息化建设的堡垒是网络的安全。学校的各项事物都需要极高的安全性，包括学生成绩查询、学生选修课等。为了正常开展教学工作，未来的网络信息系统应该具有更强的安全性。

## 三、地方高校教育信息化建设存在的问题

（一）思想认识不到位

有些高校还没有充分认识到教育信息化的重要性，还没有将其作为一项重要工作来执行；有些高校做了一些工作，但是并没有将领导决策机构建立起来，也没有将教育信息化的总体规划制订出来；有些高校对教育信息化概念模糊，将其与教育管理信息化混淆，对教学不够重视；有些高校没有将机构设置、人员编制等信息化建设做到位，没有构建信息化建设队伍。我国高校教育信息化的发展严重受到上述问题的影响。

（二）资源建设严重滞后

教育信息化的核心是教学信息化，教学信息化也是信息资源建设的基础。从目前的情况来看，我国高校的教育资源建设处于严重滞后的状态。造成这种情况的原因有三个：第一，从宏观方面来看，教育行政部门缺乏指导和协调的力量，没有足够推动发展的力量；第二，在信息资源建设方面的标准不够统一，出现了一些问题，比如重复开发、重复建设，为以后的兼容留下了巨大的隐患；第三，在信息资源建设上，各个高校没有有效地协调、合作。

（三）配套的政策支持缺乏

教育信息化与高校办学开放化互惠互利，前者使后者更加开放，后者使前者共享程度和利用程度提高。而在现有的高校体制下，一方面，各个学校都有自己相对封闭的办学经济利益，如何解决因资源共享造成的各高

校之间、教师个人之间的利益格局调整问题，迫在眉睫，需要建立相应的配套政策和协作机制；另一方面，在对教师个人的教学质量评估中，如何体现教学信息化的要求，建立相应的评价体系和激励机制，对教师的教学信息化工作以认可和奖励，也是需要进一步去研究探讨的问题。

（四）经费投入不足

教育信息化包括基础设施建设和软件建设，是一项系统工程。教育信息化建设初期会产生比较大的资金投入，需要保障经费来源。但是就目前情况来看，我国高校办学经费处于紧张状态，大多数高校无法在信息化建设中投入较多的经费，高校的教育信息化建设也因此受到制约。

（五）师资队伍水平有待提高

信息化建设对师资水平有一定的要求，就目前情况来看，我国师资队伍水平还不能适应信息化建设的要求。一方面，受传统教育的影响，教师的教育思想和教育观念革新需要经历一个过程。另一方面，就教师的知识结构、综合素质、信息化能力等方面来说，教育信息化对其要求更高，教师的信息意识要强，需要及时将网络上的新知识和课本上的知识相结合，持续不断地了解和掌握本学科及相关学科的动向。需要具备获取信息、加工处理信息、更新创造信息等的能力。除此之外，教师还需要具备以信息技术为基础，创造性地组织教学活动的能力。在目前我国高校师资队伍当中，能达到上述要求的还比较少，还不能满足教育信息化的要求。

## 四、信息化教学及其特征

（一）信息化教学的概念

信息化教学是以现代信息技术为基础的新的教育体系，与传统教学相比，在教学观念、教学组织形式、教学内容、教学模式、教学技术、教学评价和教学环境等方面都发生了意义深远的变革。

信息化教学秉承了素质教育和新课程改革的理念，坚持以人为本的教育思想，重视学习者的全面发展、全体发展和个性发展。它在班级授课制的基础上，灵活地运用小组教学和个别化教学来展开教学活动。知识的积累不再是信息化教学的最终目的，它开始注重对学生创新能力和实践能力的培养。在传统的教学技术和现代信息技术的基础上，信息化教学建立起了基于技术的教学模式，或者说信息化的学习模式。信息化教学的评价淡化了甄别与选拔的功能，开始注重学生的发展，重视综合评价，在关注个体差异的基础上，强调评价指标的多元化，强调评价主体的多元化，并开始注重对过程的评价，综合运用终结性评价和形成性评价。

### （二）信息化教学的特征

从技术上讲，信息化教学具有数字化、网络化、智能化和多媒体化等基本特征。教育媒体设备的数字化使其性能更加可靠，使用也更加方便。网络化使得信息资源可以共享，时间和空间不再限制教学活动的进行，更加容易实现交流协作。智能化使得教学行为人性化，人机之间的交互更加自然。多媒体化丰富了信息表征，虚拟呈现真实现象。

从教学实现过程上讲，信息化教学的特点是：教材多媒体化，指的是利用多媒体和超媒体技术将教学内容的特点呈现出来，比如结构化、动态化、形象化；资源全球化，指的是利用网络使学生、教师共享各地的教育资源；教学个性化，指的是以学生的学习特点和学习需求为依据，利用智能导师系统进行教学和提供帮助；学习自主化，指的是充分发挥学生学习的自主性，使其成为知识的主动建构者；活动合作化，指的是通过网上协作和计算机协作（计算机扮演学生伙伴的角色）进行学习；管理自动化，指的是利用计算机的计算机化测试与评分、学习问题诊断、学习任务分配的等功能对教学进行管理；环境虚拟化，指的是教学活动可以在很大程度上脱离空间和时间的限制。

## 五、信息技术对教师的影响

随着信息技术的飞速发展及其影响的日益扩大，教育领域正在经历着深刻的变革，而教育活动中的关键人物——教师，在其影响下也正发生着相应的变化。信息技术对教师的影响主要体现在以下方面。

### （一）现代信息技术扩展了教师的概念

教师一直被我们称作知识的传播者和人类灵魂的工程师，然而计算机的出现却使教师的概念发生了变化。教师不再是指那些拥有丰富的专业学科知识，从事教育教学活动的传统教学人员，基于计算机软件技术的电子教师也加入了教师的行列。所以在目前的教育中，同时存在着两种类型的教师：传统的教学人员和电子教师。其中，以传统的教学人员为主，电子教师只是处于辅助教学的地位。电子教师，即计算机辅助教学，不仅具有视听的功能，还能进行人机交互，使得学生可以直接进入教学活动，并能及时得到评价信息和决策意见，从而实现个别化的学习。[1]电子教师使教师与学生的实体分离成为可能，赋予了学生自主选择教学内容的权力。目

---

[1] 雷励华. 技术扩散背景下教师专业发展生态研究[D]. 华中师范大学，2017.

前，人们一直在争论电子教师是否会取代传统教学人员的问题。不管将来如何发展，现阶段高校教师需要做的不是担心自己的教学地位是否会被取代，而是应该学会如何充分发挥电子教师的作用，让电子教师分担我们向受教育者传播科学文化知识和进行思想道德教育的社会职能。

（二）现代信息技术使教师的职能发生了变化

信息时代的教师要加强对学生学习方法的指导，使学生由知识的被动接收者转变为知识的主动探索者，同时要学会终身学习，成为教学工作的研究者，更要成为学生学习的引导者和顾问。在信息时代，传统教学人员和电子教师将一起承担起教学的任务。对于向学习者传授“是什么”和“为什么”这些知识的任务由电子教师担负，传统教学人员主要是组织学生进行学习，告诉学生应该“学什么”和“怎样学”。

（三）现代信息技术使教师的教学方式发生了变化

传统教学的教学方式是填鸭式的讲授，整个课堂上只有教师一个人的声音。在信息时代，信息与知识的爆炸性膨胀使得教师不再拥有知识的专属权和权威性。在这种情况下，教师要成为学生求知过程的合作者和向导，要引导学生进行积极主动的学习和探索活动。

（四）信息时代教师角色的转变

高校教师要想胜任信息化教学中的教学工作，还需要突破传统的角色定位，为自己树立新的角色形象，实现教师角色的多元化。信息时代的教师要扮演以下四种角色：

1. 指导者

在信息化教学中，教师将退出信息传播的主体角色，成为学生学习的指导者。教师要从系统的角度来组织学生学习的整个过程，安排相关的细节，以避免学生学习目标和学习过程的盲目性。另外，教师对学生在网络上的学习要精心地监控，为学生在网络信息中的遨游导航，避免学生迷失在网络信息的海洋中。

2. 伙伴

建构主义认为学习者对知识的建构不仅依赖于自身原有的知识水平和经验，而且在一定程度上与学习伙伴之间对问题的共同探讨或理解有关。因此，在信息化教学中，教师不仅是教学活动的组织者和指导者，也应成为学生学习的伙伴。教师与学生之间的相互讨论有利于师生的共同进步和提高。目前，有许多基于网络的工具都支持师生之间的合作，如Chat，Netmeeting等。

3. 研究者

在传统的教育中，课程的设计开发都是由专门的人员来完成的，教师并没有参与其中的研究。然而在信息化教学中，教师不再以教材的讲授者身份出现，而应成为课程的开发者和设计者。教师要主动参与到课程的研究与编制，课程目标的确立，课程结构、课程内容和媒体的优化组织中来。

4. 学习者

随着信息技术的发展和社会、经济各方面的急剧变化，终身学习成为时代对每一个公民的要求，作为教育教学活动中的关键因素，教师的终身学习成为我们无法回避的一个问题。因此，广大教师要不断地完善自己的专业素质，调整自身的知识结构，学习新的教育观念，培养创新意识，树立崇高的职业品质，以适应教育信息化、现代化和国际化的发展趋势。

# 第二节 高校信息化教学资源与教学方法

## 一、高校信息化教学资源

### （一）信息化教学资源及其分类

教学资源是指那些可以提供给学习者使用，能帮助和促进他们学习的信息、技术和环境。教学资源不但在传统教学过程中占有重要的地位，在信息化教学中也是一个重要的支撑条件。信息化教学资源是指以信息技术为支撑的教学资源。

信息化教学资源也包括信息、技术和环境这三类资源。其中，信息资源是指各种数字化形式的能够为教学所用的知识、资料、情报、消息等，包括图片、文本、音频、视频、网页、数据库、虚拟图书馆、教育网站、电子论坛等；环境资源指构成信息化物理空间的各种硬件设备，如计算机设备、网络设备、通信设备，以及形成网络虚拟空间的各类系统软件和应用软件；技术资源是指支持信息化教学得以顺利展开的一切技术手段。

### （二）数字教学资源的特征

与传统教学资源相比，数字教学资源在数量、结构、分布、传播范围、类型、载体形态、内涵、控制机制、传递手段等方面都有明显的差异，呈现出很多新的特征。

1. 处理数字化

是指将声音、文本、图形、图像、动画、视频等信息经过转换器抽样量化，由模拟信号转换成数字信号。因为数字信号的复制、传输的可靠性远比模拟信号高，所以对它的压缩、解压、纠错处理也容易实现。

2. 存储光盘化

光盘存储信息容量大、体积小，可以实现快速查询和检索。一张CD光盘可存储3亿多个汉字，可以存储A4文本650000页，可以容纳上千幅照片，可存储5个小时的调频立体声和72分钟的全屏动态图像。DVD光盘存储容量是CD光盘的数倍。

3. 显示多媒化

利用多媒体计算机技术可以存储、传输、处理多种媒体的学习资源，如声音、文本、图形、图像、动画等。这与传统的单纯用文字或图片处理信息资源的方式相比要更加丰富多彩。

4. 传输网络化

数字信息可以通过网络实现远距离传输。学习者只要通过一台能上网的计算机，便可以获取自己需要的信息资源。

5. 教学过程智能化

教学软件的专家系统提供了对教学过程中的信息资源使用的实时监控、数据采集、分析和帮助等机制。它能根据学生的不同特点选择最适当的教学内容和教学方法，并可对学生的学习特征进行有针对性的个别指导。它不仅能发现学生的错误，指出学生错误的根源，还能做出有针对性的辅导或提出学习建议。

数字化的教学资源具有数量大、类型多、多媒体、非规范、跨时间、跨地域、跨学科、多语种的特点，文本、数据、图形、声音和视频等均列其中，分布式存储成了数字化教学资源存在的主要形式。从整体看，数字化教学资源还处于一种无序状态，信息分布和构成缺乏结构和组织，信息资源发布具有很大的自由性和随意性，质量缺乏必要的控制。面对这些问题，我们更需要用“慧眼”去粗取精，去伪存真。

（三）数字教学资源的来源

数字化教学资源的来源途径主要有三种，分别是对现有资源的数字化改造、师生共同创作数字化资源和专业人员开发建设数字化资源。

1. 现有教学资源的数字化改造

就目前我国存在的教学资源来说，大多数都是过去教育教学实践中积淀的非数字化教学资源，包括印刷品、音像制品等，只有少数是近几年开发的数字化教学资源。这些非数字化资源的数量特别庞大，其中精品数量也不少，就今天而言，教学价值也是极高的。将这些非数字化资源改造为数字化资源，不仅可以带来经济效益，还可以带来一定的社会效益；既可以挽救有价值的教学资源，还可以节约教育经费，缓解教学资源的匮乏。

在现有的资源当中，我们可以使用数字相机、数字扫描仪等仪器将图片和文字材料转化为数字化教学资源，使其可在计算机上加工、处理和传输；对于音像材料来说，我们可以使用计算机软件、相关设备等对其进行改造，使其成为数字化资源。随着信息化技术的不断进步，在教学中使用更加广泛的是数字化音像资源，传统的模拟设备正在被取代。

2. 师生共同创作的数字化资源

随着数字化教学和数字化学习的产生，产生了一种新型教学资源，即师生共同创作的数字化资源。该类教学资源具有三种基本类型：

（1）展示型作品。一般情况下，可用来展示的作品是学生作业的电子稿，教师在教学过程中可发布部分优秀的、典型的学生电子作品，供其他学生观摩和学习。

（2）师生交流作品集。学生与教师之间的相互交流是主要来源。交流作品是就某一问题，师生之间的交流，或教师解答学生的疑难问题。

（3）教师对学生进行评价的作品集。通过教师教学评价活动，教师对学生作品进行评价并给出分数，是部分资源的来源。

3. 专业人员开发建设的资源

数字化资源的主要来源是专业人员开发建设的资源，开发和建设过程如下：

（1）初期制作。获取所需要的素材，按照一定标准对素材进行分类，并且描述出素材的格式、类别等属性。

（2）素材集成。初期制作之后的素材，虽经过分类，但还比较零散，没有形成完整的教学功能，这时就需要对各种素材进行处理，将其集成为完整的教学单元。创作人员使用多媒体集成软件对于文本、图像、声音、动画及影像等素材，进行集成编辑。目前，有PowerPoint、Authorware、Flash等是常用的多媒体素材集成软件。经过集成处理的素材，具有较强的教学功能，在教学实践中可直接使用。

（3）内容标引。完成后的素材，还要经过专业人员对其进行标引。标引工作包括分析资源内容，给出主题，为资源设计关键字等，为资源检索提供方便。

（4）质量检查。检查的内容包括标引的正确性，图像、声音及视频质量，文件大小、格式等。

（四）数字教学资源的优势和缺憾

与传统的教学资源相比，基于计算机和网络的数字教学资源有其独特的优点。教学资源的类型多种多样，内容繁杂。传统的教学资源需要耗费大量的时间和精力来管理。而基于计算机技术，尤其是数据库技术的数字信息资源，在分类、存储、查询、输出时都可以做到有条不紊、高效优质。教学资源管理的高效性也为资源利用带来了方便和快捷。光盘和大容量硬盘的使用，让教学资源，尤其是教学素材的运用变得更加方便。网络技术的运用克服了地域上的局限，使教学资源的传输更加便捷。运用各种软件制作的动画、视频剪辑等数字化教学资源，可以使教学中动态、直观的信息的使用量大大增加，这些动态演示在可控性方面也得到了极大的改善。但是，网络上的数字教学资源也存在着一些问题。如：网站地址的频繁变动，会造成信息链接的不稳定，信息内容保存时间短；信息资源发布有很大的自由度和随意性，缺乏必要的质量监控和管理机制；信息检索准确度不高等。

### （五）数字教学资源库的建设

#### 1. 数字教学资源存储的基本要求

在获取了大量的教学资源之后，就需要对其进行分类存储。教学资源的存储必须满足存得上、找得到、读得出、信得过、用得起五方面的要求。

第一，存得上：就是要具备完备的资源收集提取策略。第二，找得到：要求对资源有科学的描述，为资源的提取提供方便。第三，读得出：对找到的数字资源，还要能够方便地将资源还原呈现出来。第四，信得过：让资源的托管者、资源的管理者和资源的使用者都确认系统是可信的。第五，用得起：教师在选择资源、建设系统时，应该考虑到学校的经济实力，即必须保证能用得起这个系统。资源使用成本包括系统建设成本和运行维护成本。一般情况下，运行维护成本远远高于系统建设成本。它是影响系统能否持续运行的关键因素。

#### 2. 数字教学资源库开发的原则

在建设和开发数字教学资源库时，需要遵守以下原则：

（1）教学性原则。数字化教学资源库的建立不仅要满足教与学的需求，还要有助于解决各种问题，包括教学重点、难点、关键内容等问题。在安排学习进度、呈现教学信息的时候，不可忽视教与学的原理，应对其做出充分的考虑。

（2）科学性原则。数字化教学资源作为传授学科知识的教学资源，所反映的内容必须正确，目标必须明确。

（3）开放性原则。对于教师和学生来说，数字化资源是教学素材，资源库中应该尽可能包含教师和学生参与制作的作品。

（4）通用性原则。当今最新的数字技术和资源设计思想在数字化资源中都有体现。在一定的技术标准规范下，数字化教学资源应满足不同教学情境和形式的学习。

（5）层次性原则。数字化教学资源应该进行分块管理，以便学习者自主选择需要的资源，满足各类知识水平学习者的需求，将数字化教学资源的潜能最大限度地发挥出来。

（6）经济性原则。在对数字化教学资源进行开发的时候，我们要对经济条件做出考虑，尽量得到投入少、质量高的教学资源。除此之外，还要加大力度改造现有资源的数字化程度，减少重复建设造成的浪费。

3. 数字教学资源管理的模式

我们应该加强教学资源库的管理力度，避免教学资源流失、损毁等情况的发生，以更好地满足学习者的需求。教学资源具有的相关属性包括资源名称、编号、学科、专业、适用对象、关键字、存放位置等，为了更加方便地使用教学资源，我们应该建立相应的教学资源管理系统，将各属性分别记录在系统数据库中，在使用时可自动生成树形目录索引。教育资源库不断发展，它已经成为具有多种建设模式和服务目标的资源库。❶

（1）文件目录管理。文件目录管理是所有资源管理方式中最简单、最原始的方式。服务器上有不同的目录，将不同的资源储存在不同的目录中，借助计算机操作系统对目录进行共享，对教学资源进行管理和操作。文件目录管理储存模式的特点是：资源管理更加直观、简单，远程访问速度快，资源文件可以通过网络邻居http或ftp直接下载到本地网络。但是，使用这种方法，资源不太安全，容易受到病毒的攻击，并且很容易被其他人盗用和破坏。目前，许多自发组织的学校资源共享基本上都是以这种方式存储的。当累积到一定规模时，由于检索工具的缺乏，对资源进行使用和管理将变得更加烦琐。

（2）专题资源网站。相比文件目录管理方式，专题资源网站的资源建设方式针对性更强。专题资源网站有两种类型，一是主题学习资源库，二是虚拟社区资源库。主题学习资源库与国外的研究学习网站（Web Quest）比较相似，它主要是提供各种探究活动、学习资源、谈论组，以及丰富的资源和空间，以便学生对某一主题进行研究性学习，比如学习空间知识、克隆等。虚拟社区存储库对资源进行了划分，每个讨论组中包含的内容不同。用户在获取资源的同时可将自己拥有的资源与别人共享。每个板块相对独立，有专门的负责人。负责人需要对板块中的发言定期整理和归类，使零散、无序的内容变得有条理性和系统性，同时还可以将精华资源推荐

---

❶ 刘晓林. 高校数字教学资源共享模式研究[D]. 徐州师范大学，2011.

给其他用户。

（3）学科资源网站。学科资源网站的建立基础是原始资源库。每个网站以主题的方式将与本学科有关的所有资源呈现出来，并且将相关的检索方式提供给用户。网站按照学科分类之后，对于学科教师积极性的调动具有促进作用，而且能调动骨干教师参与资源库建设的积极性。如果有新的资源添加到原始资源库中，学科网站就会对其进行分类，将其归到所属学科网站中，并将更新后的信息显示在学科网站的主页上。如此就可以在很短的时间内建起网站的框架，为学科教育积累资源。在网站建成之后，学科教师既可以搜索门户网站上的资源，也可以更为精细地检索原始资源库中的资源，以获得大量的原始资源，然后再依据教学需求重新组合这些资源。这类网站资源充分体现了不同学科教与学的需求。网站内不仅有题库、教案库、课件库、素材库，还含有多种具有学科特点的特色栏目和热点专题，比如语文的作品赏析、读写天地，地理的旅游专题，生物的垃圾分类、环保专题，历史的文化遗址、历史古迹等。

## 二、高校信息化教学方法

### （一）信息化教学方法的含义

信息化教学方法是教育者和学习者为达到一定目的，使用现代教育媒体而形成的教与学的活动途径和步骤。信息化教学方法是教学方法体系的一个组成部分，与其他教学方法没有本质上的差别。但是，信息化教学方法强调媒体或信息技术手段的应用，是围绕现代教育媒体的应用而形成的方法。

信息化教学方法必须依靠现代教育媒体而展开工作。这是其区别于其他教学方法的特征。在信息化教学方法中，现代教育媒体的作用是多种多样的，在不同的教学环节中其作用可以有大有小，但却是不可替代的。

信息化教学方法必须依据一定的教学理论展开，这是一切教学方法的共性。信息化教学方法不刻意追求某一个教学理论，各种现代教学理论对信息化教学方法都具有指导意义。此外，现代教育媒体的应用并不意味着信息化教学方法与现代教学理论就有了天然的联系，先进的思想可以影响它，传统的思想也可以影响它。从某种意义上而言，信息化教学更需要现代教学理论的指导。

信息化教学方法必须指向一定的目标，解决一定的问题。教学方法的应用要在教学目标的导向下进行，如果没有目标，教学方法也难以有成效。

信息化教学方法有其结构。这一结构是根据教学的需要，应用现代教育媒体而形成的一系列步骤、环节和过程等。教学方法在实施中都要展开其步骤和环节等结构性因素，但是信息化教学方法的实施、现代教育媒体的应用会使这些结构性因素发生变化。如有些教学活动在现代教育媒体的支持下，可以使教学双方的步骤非同步展开。

信息化教学方法来自两方面：其一是在原有的教学方法的基础上融合了现代教育媒体的应用，使得这些方法有了新的特点，如在传统的讲授法的基础上结合了幻灯、电视等媒体的演播；其二是在运用现代教育媒体的基础上形成了新的教学方法。

（二）信息化教学方法分类

从不同的性质特点出发，可把信息化教学方法分成不同的种类。分类的目的在于明确各种信息化教学方法的概念、特点，以便能够正确选择运用。

1. 按学科性质分类

按照学科性质的不同，信息化教学方法可分为语文信息化教学法、数学信息化教学法、物理信息化教学法、化学信息化教学法、地理信息化教学法等。学科信息化教学方法是研究信息化教学媒体在不同学科中运用的方法，主要是研究信息化教学媒体对不同学科内容的表现方法。

2. 按媒体种类分类

信息化教学媒体丰富多样，各种不同的媒体在教学中有不同的使用方法。据此分为幻灯投影教学法、广播录音教学法、电视教学法、电影教学法、计算机辅助教学法、语言实验室教学法等。媒体教学法的实质是研究各种不同的媒体在教学中的具体运用，包括运用的原则、环境要求、具体方法等。

3. 按教学内容分类

主要有以传授知识为主要目标的播放教学法和程序教学法，以训练学生技能为主要目标的微型教学法，以检查学生学习成绩为主要目标的成绩考查法。

（三）信息化教学的基本方法

目前，在教学实践中可用的信息化教学方法多种多样。在信息化教学中，必定要借助于一定的信息化教学方法具体运用到各学科各课题，这就需要教师利用有限的几种基本教学方法，根据具体教学情况加以选择或综合运用，从而创造出适用于某一学科中某一课题的某一具体情景的具体教学方法。那么，面对可供选择的信息化教学的基本方法，我们究竟选用什么样的方法好，如何运用恰当的教学方法来帮助我们实现有效的信息化教学呢？这就要求我们了解这些方法，对它们进行具体的分析，讨论这样一些问题：不同的信息化教学方法各有哪些特点？有哪些优势？由哪些具体活动组成？适用的范围和条件如何？当我们从这些方面对信息化教学的基本方法进行具体的分析之后，就能较好地认识它。教师便可根据教学内容的不同、教学对象的差异、教学目标的区别、教学时间的松紧和自己的特长，选择、运用一种或几种基本教学方法创造出生动活泼的具体教学方法。下面围绕信息化教学方法的特点、优势、应用步骤、适用范围和条件等问题，介绍一些基本的信息化教学方法。

1. 讲授—演播法

讲授—演播法是一种最常见、最普遍的方法，该方法结合了教师的讲授和媒体播放。

将教师的讲授和新媒体播放结合起来的教学方法称作讲授—演播法。这也是课堂教学中最常见、最普遍使用的教学方法。教学信息传递的基本途径之一是教师的语言表达，存在历史最久的方法是讲授法。现代教育媒体的出现使得讲授法具有了现代化色彩。讲授—演播法的特点是，教师通过讲授、讲解可以将语言表达的优势完全发挥出来，将教师个人的语言特色和魅力完全渗透在讲解的过程中，系统地将知识的逻辑关系和结构传授给学生，用更少的时间传授更多的知识给学生；通过演播媒体可以让学生更加直观地看到和听到所学的事物和现象，将学生对客观世界认识的时间和空间拓宽。教师口头讲授的同时，使用多媒体展示教学的重点、难点和抽象内容，或将教学内容更加直观地展示给学生，或将情境展示给学生，使得教师的讲授得到更好的效果。这种方式既可以增强教师表达信息的能力，又可以使学生获取知识的方式变得更加丰富。

讲授—演播法结合了讲授的特点和媒体播放的特点。在讲授—演播法中，现代教育媒体扮演的角色是辅助教师讲授，比如将事物或现象的图像或声音呈现出来，增加感性的材料，烘托课堂气氛，使板书更加精炼等。讲授—演播法既能以教师讲授为主、媒体播放辅助为辅，也可以媒体播放为主、教师讲授为辅。[1]

（1）第一种典型步骤的具体活动内容：①唤起回忆、引入课题：利用媒体展示事物的图像，引起对该事物的回忆，同时引入课题。②提出问题、锁定任务：教师在对事物进行介绍的基础上提出问题，引出和锁定本节课的任务。③进行活动、实现目标：教师播放媒体，给学生观看相

---

[1] 张一春. 高校教师ET能力发展模式研究[D]. 南京师范大学，2005.

关的视听内容，并指导学生阅读文字材料，通过思考、回答问题等一系列活动实现教学目标。④总结完善：教师用投影片和概要、简练的语言进行总结。

（2）第二种典型步骤的具体活动内容：①引入课题：用媒体展示具体事物的形象，暴露问题，把学生的注意力引入课题。②转化概念：把形象的东西转化成抽象概念。③学生活动：教师进一步提供新的材料，让学生进行思考、议论等活动。④教师总结：教师进行总结。⑤概念应用：学生在新的情境中运用所学的概念解决问题。

讲授—演播法的适用范围和条件：讲授—演播法适用于教材系统性强的学科，适于传授和学习事实、现象、过程性的知识。使用这种方法需要教师有较强的语言表达能力和运用现代教育媒体的能力，并且要求学生有较高的学习自觉性和听讲的能力。

2. 程序教学法

程序教学起源于美国心理学家普莱西于1924年设计的第一架自动教学机器，形成于20世纪60年代斯金纳小步子直线式程序教学理论的提出。程序教学的理论基础是斯金纳创立的操作性条件反射学说和强化理论。

程序教学方法就是在这种理论指引下组合和提供信息的一种特殊方法，是教师根据一定的教育学、心理学和教学理论，按照评定的教学对象的状况，把预先安排的教学内容分解为按一定严格的逻辑顺序排列的小单元，构成程序教材。通过一系列专门的问题和答案，然后通过教学机器由学习者操作显示的教学方法。它要求学习者及时反馈并立即决定是否进到下一个小单元的学习。实际上，程序教学可以理解为一种自学方法。每名学生都可以支配自己的学习进度。每一步都建立在前一步的基础上，并能在每一步之后立即得到强化。程序教学法的特点是：在教学过程中，学生能够积极参与学习活动，思维始终处于高度积极的状态；能充分发挥学生的主观能动性，使学生创造性地学习；人机交互中信息反馈及时，强化有力、指导有方、评判公正；不同的学习者可以自定步调，适应个人的学习进度，有利于个别化教学。

（1）程序教学法的一般步骤。①程序材料（课件）设计。教师和程序设计人员根据需要，把内容与学习过程加以结合，设计有关程序化的教学材料（课件）的方案。②程序材料（课件）编制。程序编制人员根据设计方案，编制程序化材料。③人机对话交互学习。学生操作设备（计算机），与之对话，在程序教学材料的引导下进行学习。④总结评价。最后，教师对程序学习的结果进行总结和评估。

（2）程序教学法的适用范围和条件。程序教学特别适用于下列情况：

帮助优等生学习一些教师因教学时间的限制而未能讲授的扩充性的学习内容，对学生进行补习性辅导；为学生提供预备性知识；要求标准化行为的教学；开设学校由于缺乏优秀教师而难以开出的课程；开展个别化训练。

（3）运用程序教学方法必须注意的要求。①选用或编制结构合理、配置适当的高质量的课件。一个好的课件应具有人工智能的特性，即在人机对话过程中，能从学生的应答反应了解其掌握知识的情况，从而做出有针对性的教学决策，以提高运用程序教学法进行学习的效果。②教会学生使用教学机器。在运用程序教材进行学习前，学生必须懂得计算机操作要领。因此，必须对学生进行事先培训。③明确学习目的，与文字教材配合使用。应用过程中应有明确的学习目的，注意与传统文字教材结合起来，用程序教材学习要求学生有较高的自主精神和负责态度。④注意与常规教学方法结合起来。程序教学法虽有优点，但也存在着削弱师生之间、学生之间即时信息交往等方面的不足。因此，运用程序教学法时，必须与常规教学有机地结合起来，使之相互补充、相互促进。例如，学生在使用程序教材学习之前，可在教师的引导下掌握所学内容的知识背景、基本概念、术语，理解学习目的和思路，然后学生通过上机练习，消化所学知识或形成技能等。

3. 问题教学法

问题教学法就是为启发学生的思维和培养其解决问题的能力，教师与学生围绕某个实际问题而使用的教学方法。它是一种以学生为中心的教学方法。问题教学法的核心是培养学生的思维能力。信息技术在这种教学方法中起着关键的支撑性作用，它被用来呈现问题情景，作为分析、解决问题的工具。

问题教学法的特点是教学过程中更加注重师生之间的关系处理，突显教师是辅助者、引导者的作用，通常以问题情境来组织教学，以此引起学生思考，促使学生运用知识分析问题、解决问题，增强学生自主学习能力，同时借助信息技术工具，建立沟通协作渠道，促进人际交往能力和团队合作能力的提高。也就是说，问题教学法以学生为中心开展教学，以问题为教学驱动力，以小组为教学组织形式，通过过程性评价促进学生能力的发展。

（1）创设情境、提出问题。教师充分利用各种信息技术，如借助多媒体教学系统，通过让学生观看相关影视资料、浏览相关网站等多种方式来提出引导性问题。把学生带入问题情境之中，针对问题情境，向学生布置任务；学生接受任务，回忆早期的经验，产生学习的动机和学习的责任感。

（2）分析问题、明确问题、组织分工。在教师的组织下，学生讨论解决问题的可能方法，教师帮助学生分析问题情境，理解问题的情节和情形，进一步找到问题的本质，并对问题进行界定、阐述。教师根据学生的兴趣和能力，将学生分组，分配学习任务，提供相关资源。

（3）探究发现、解决问题。教师向学生提供有关材料、参考资料等学习资源，同时学生通过各种途径，借助并利用信息技术，查找、收集与问题相关的信息与资料；小组成员对收集到的信息进行归类、整理、分析，然后通过相互交流形成解决问题的方案。

（4）展示结果、进行评价。各小组以幻灯片等形式陈述、展示他们在解决问题过程中的计划和任务安排，完成任务的过程，解决问题的建议、主张；最后通过自评、生生互评、教师评价相结合的方式，以过程评价为主，终结性评价为辅，对学习成果进行评价。即各小组对各自的问题解决方案自我评价，小组之间对方案相互评价，教师评价每个小组的学习成果以及在整个问题解决过程中的方案方法的优劣，并向学生提出新的类似的问题，学生尝试解决新的问题等。

问题教学法的适用范围和条件：问题教学法的应用需要信息技术的支持，教师能通过信息技术工具创设问题情境，学生能够利用信息技术工具获取丰富的信息资源，师生之间能够利用信息技术搭建沟通交流平台，这样才能保证其有效开展。问题教学法适用于教授各学科领域的概念、规律、理论等教学内容，适用于实践性强的教学内容。

4. 探究—发现法

探究—发现法就是在教师的安排和指导下，主要由学生借助现代教育媒体探索、发现问题，从而掌握知识的方法。教师借助现代教育媒体设置问题情境，提出促使学生思考的问题；学生利用现代教育媒体去搜集、查询有关信息，寻找问题答案。这是一种以培养学生创新和实践能力为目的的教学方法。该方法的主旨在于在教学中不给学生提供现成的答案或结论，而是由教师提出问题或设置特定情境的刺激，促使学生自我探索和发现问题，以类似科学研究的方法去获取知识和应用知识，从而掌握要学的知识，调动学生学习的积极性和主动性，培养学生发现问题、解决问题的能力。

探究—发现法的特点是：探究—发现法是一个发现问题、提出问题和解决问题的学习活动过程。该方法学习者通过亲身活动提出问题、发现答案、解决问题，在探究活动中生成知识，获得的知识印象深刻、不容易忘记；可以发展学习者的分析、综合和评价等高级思维能力，培养发散性和创造性思维；学习者能亲身发展科学知识，帮助他们更好地理解科学的本质。在此方法的应用中，让学生自己主动学习，亲身实践，探究知识，教师只是提供指导。

（1）教学准备。让学生了解探究—发现的基本技能，提出探索与发现的基本要求，让学生掌握进行探究与发现的工具，提供必要的信息检索指南、专业网站的地址等，使学生知道如何有效地进行探究与发现学习。

（2）设置情境、熟悉任务。教师进一步向学生提供有关需要探究或发现的问题情境，引导学生关注有关的主题，并向学生提供必需的学习材料，以便让学生熟悉任务，进入问题情境之中。

（3）发现问题。学生在教师的要求和引导下，结合过去的知识和经验自行发现问题，确定探究的方向。

（4）搜集资料、解决问题。学生通过各种途径、形式自行搜集资料，如参考和实地考察、调查和采访、进行实验、查阅文献、观看影视录像、个案追踪分析等。搜集资料不是目的，而是了解事物的手段。因此，接下来学生应用现代教育媒体，如计算机网络等工具，自行搜集、加工整理资料，对搜集到的数据资源进行筛选、归类、统计、分析、比较，然后在教师的指导下，得出结论或答案，解决问题。

（5）反馈评价。对学生得出的结论或答案，教师要进行点评和总结。探究—发现法的适用范围和条件：探究—发现法的应用需要教师较强的应变能力和运用现代教育媒体的能力，同时需要学生具备自主学习能力和信息技术应用能力，尤其是计算机和网络通信技术。有了这些条件保障，才能够激发学生的学习动机，引导学生，利用信息技术工具和手段，在自主学习环境中进行探究。探究—发现法适宜教授和学习概括性、规律性的知识，适用于对未知领域的问题探究，或对已有知识进行个性化的再认识。

5. 微型教学法

微型教学法由美国斯坦福大学在1963年首创。微型教学法是指教师借助电视摄录设备培养学生某种技能的教学方法。由于该方法是在小教室中对学生的某种技能进行培训，培训时间短、规模小，故称之为微格教学或微型教学。微型教学法首先在教师培训上获得成功，其后纷纷被其他学科领域的技能训练采用，成为一种卓有成效的教学方法，被广泛地应用于各种职业技术训练上。它是让教学对象扮演一个职业角色，表演所要求的一系列活动，利用现代摄录设备记录这一过程，然后指导教师与角色扮演者一起观看重放的录像，进行分析评价，找出差距，再做同样的工作直到掌握所要求的职业技能为止。

微型教学法的应用有以下几个特点：

（1）人数少、易操作、微型化。“微型课堂”由5～10名学习者组成，在课堂上充当“模拟教师”和“模拟学生”的人是真实的学生或受训者的同学，期间不断调换学生扮演的角色，保证每个学生接受培训和个别指导的机会是一样的、充分的，如此不仅可以简化操作方法，还可以将课堂微型化。

（2）训练时间比较短，技能比较单一，目的明确，重点突出。在教学培训过程中，分解教学内容，使综合性教学技能变为提示技能、演示技能、板书技能等单一技能。对每种技能进行单独培训，使培训目的明确，重点突出。之后，培训者会有一段“微型课程”教学实践，对一两项教学技能进行训练，时间为5～10分钟。

（3）借助媒体设备，展示范例，实时记录。在进行“微型课程”的教学实践过程中，利用电视摄录像设备系统展示某项技能的范例，供学生学习和模仿；也可在学生模仿训练时将实践过程记录下来。

（4）反馈及时准确，评价方式多样。完成训练后，通过视听系统重放已记录的内容，供师生点评分析，让学生及时得到反馈信息。评价方式可以是自我评价，也可以是他人评价。

6. 模拟训练法

模拟训练法就是利用现代教学媒体模拟自然现象、运动状态和过程或者是特定的工作环境而进行实验和训练，以揭示其规律的一种教学方法。模拟训练法的特点是。

（1）突破教学条件限制，方便训练教学。由于教学受到各种条件的限制，在实验或训练的时候不能使用真实环境或事物，使用的环境或事物是由计算机等媒体模拟出来的，如此可使训练教学更加经济、省时、安全。

（2）设备与媒体的广泛应用，丰富了模拟工作环境。模拟训练法用来模拟工作环境，最初是借用机械装置进行模拟。在计算机被用于模拟训练之后，将其与机械装置相结合，很大程度上丰富了模拟的工作环境。

（3）应用信息技术手段之后，拓展训练类型。随着信息技术手段的增加，训练类型变得更加多样化。模拟训练法主要有四种类型，分别是操作性训练、工作情景训练、试验情景训练和研究方法的训练。

模拟训练法的适用范围和条件是：运用该方法要提供可供仿效的适合学生发展的教学信息；要使学生进行仿效训练或亲自操作；要面向全体学生；教师应做好引导，及时分析、评价，明辨正误，分析原因，找出最佳思路和方法；要正确处理模拟教学法与常规的实验法、演示法、参观考察法的关系，在条件允许的情况下，要使它们有机结合起来，以利取长补短；要引导学生抓住事物的本质。

# 第三节　高校信息技术与课程整合

## 一、信息技术与课程整合的含义

在系统科学思维的方法论中，“整合”表示由两个或两个以上较小部分的事物、现象、过程、物质属性、关系、信息、能量等，在符合具体客观规律或一定条件的前提下，凝聚成较大整体的过程及结果。教育界引用“整合”一词通常表示综合、渗透、重组、互补、凝聚等含义，而不是简单的叠加。

我国21世纪基础教学改革的一个新途径是信息技术与课程整合，该整合与学科教学的联系非常密切，而且具有一定的继承性。与此同时，信息技术与课程整合是一种新型的教学结构类型，具有相对独立性。我们不能简单地说信息技术与课程整合是把信息技术作为教与学的辅助工具。信息技术与课程整合强调的是要把信息技术看作学生自主学习的认知工具和情感激励工具，利用信息技术提供的学习环境，比如自主探索、多重交互、资源共享、合作学习等，充分地调动起学生学习的积极性和主动性，在整合过程中有效地锻炼学生的创新思维和实践能力。由此可见，改变传统教学结构、实施创新人才培养的一条有效途径是信息技术与课程整合，而且目前国际上基础教育改革的趋势和潮流也是信息技术与课程整合。

目前很难查明信息技术与课程整合概念的起源，但是我们可以将课程整合概念看作起源。课程整合意味着要系统地考虑和操作有关要素，比如课程设置、课程教育教学的目标、教学设计、评价等，也就是说在认识和研究教育过程中各种教育因素之间的关系时，要持整体的、联系的、辩证的观点。从狭义上来说，课程整合是指对原本割裂的各科课程的有机联系进行考虑，使它们变得综合化。信息技术与课程整合含义的关键点是整合“信息技术”与“课程”，不是“信息技术”与“课程整合”。在系统科学方法论中，“整合”表示在符合一定的客观规律或一定条件的前提下，将两个或两个以上较小部分的事物、现象、过程、物质属性、信息、能量等凝聚成较大整体的过程及结果。信息技术与课程整合的定义分为两种，一是“大整合论”，二是“小整合论”。“大整合论”将课程理解为一个较大的概念，该观点的重点是在课程整体中融入信息技术，以改变课程内容和结构，达到对整个课程体系变革的目的；而“小整合论”将课程与教学视为同类。

## 二、信息技术与课程整合的三种基本模式

信息技术与课程整合过程中，信息技术是作为一种认知的工具使用的，与教学的总体目标是一致的，既培养学生的信息素养能力，也培养学生的实践能力。[1]但对于不同的学科，信息技术的作用是不一样的，为此可以将信息技术与课程整合分为三种基本的课程模式。

### （一）对于信息技术课程——信息技术是学习的对象

信息技术课程是一门专门开设的学科，主要学习内容有两点，一是信息技术的基本技能，二是信息技术基本工具的使用。开设信息技术课程的目的不是学习信息技术本身，而是培养学生信息技术解决问题的习惯和能力。因不同的具体操作流程，具有不同的信息技术课程模式。

1. 带疑探究—讲授示范—动手操作型

首先，教师需要以信息技术课程的教学目标为依据，提出一个供学生讨论的具有吸引力或探究性的问题，通过激励性或引导性的语言促使学生进行思考或探究，最终引导学生使用已有的信息化技能解决问题。其次，教师需要对问题进行分解，使其变成多个小的信息技术学科知识点，将相关内容传授给学生，并且在计算机上将操作过程示范给学生。再次，通过自主操作，学生获得相关知识和技能。最后，学生之间互相进行评价。

2. 任务驱动—协作学习型

首先，教师设计信息技术教学目标任务，设计时不仅要对教学重点、难点多加考虑，还要对学校环境、学生特长和社会背景加以考虑。任务是一个梯状的任务系统，它具有层次性，难度逐渐升级。然后，设计好的任务由教师呈现给学生，让学生组成学习小组，和学习伙伴以协作学习的形式进行主动探究。小组成员共享学习过程中发现的学习资料和信息，进行共同学习。最后，教师做总结性评价。教师重点考查学生对信息技术应用的能力和学生信息素养的提高。

### （二）与其他学科的整合——信息技术作为教学工具

教师组织学生开展对信息技术的学习，此时信息技术的作用是为其他学科服务的教学工具。课堂教学在信息技术的辅助下，呈现出多种形式。

[1] 董文君. 信息技术与研究性学习课程的整合[D]. 山东师范大学，2007.

1. 群体—讲授型

在信息技术辅助下的群体—讲授模式继承和发展了传统教学方式。群体—讲授模式是指在同一时间段内，将同样的内容讲授给整个班级，信息技术作为一种教学手段出现在整个过程中。该模式的优点有三个：一是集中发表了文字、图片、声音和图像等，保证课堂教学的生动活泼性；二是可以对重点和难点进行突破教学，不受时间和空间的影响；三是教学效率高，操作简单，教学内容呈现的速度比较快、比较及时。

该模式的基本步骤可分为三步，分别是：备课，教师对教学内容进行研究、设计课件或选择已有的合适课件；上课，教师结合情境将教学信息展示给学生，引导学生接受教学信息，并对其进行认真思考；总结，教师对整堂课进行总结。

2. 自主—监控型

自主—监控模式是在网络教室里，教师提供学习资源给学生学习，包括数字化教学资源和非数字化教学资源，教师在监控学生的学习的过程中对学生进行辅导。由于超文本链接实现了网络资源的共享及对教学信息有效地组织与管理应用，因而学生可以根据个人需要使用网络资源。在教学过程中，通过教师机，教师可以对单独学生机上的学生活动进行监看和监听，通过对学生鼠标和键盘的遥控辅导学生。

在自主—监控模式中，教师要以教学目标为依据，通过分析和处理教材，选择合适的形式将教学内容呈现给学生；学生接受学习任务之后，在教师的指导下，利用教室提供的资料供自己查找的信息进行个别化和协作式相结合的学习；最后，教师总结教学内容并对学生进行个别化评价。

3. 讨论型

讨论模式的基本特点是师生利用网络交流工具实现实时和非实时的讨论。这种教学一般是由教师提出一个或多个讨论问题，学生针对这些问题进行讨论。不论是实时讨论，还是非实时讨论，教师都要认真倾听学生的发言，善于抓住学生思维的闪光点，及时发现学生出现的问题，并给予反馈。教师还要注意防止讨论偏离当前学习的主题，保证学生的发言能符合教学目标的要求。讨论结束后，教师还要对讨论的问题作总结，对学生的表现作恰如其分的评价。

讨论模式借助网络环境，可以克服学生的心理障碍，使其能够畅所欲言，真正参与到讨论中来。开展这种讨论时，学生的积极性往往比较高，但也比较耗时。该模式的基本步骤为：首先，教师根据教学目标对教材进行分析和处理，决定用什么形式来呈现什么教学内容，并以课件或网页的形式呈现给学生；学生接受学习任务后，在教师的指导下，利用教师提供的资料或自己查找的信息进行个别化和协作式相结合的学习，并利用信息技术完成任务；最后，师生一起进行学习评价、反馈。在整个教学过程中，学习集体和学生的个体都得到重视，这样的教学十分有利于学生创新精神、问题解决能力和协作能力的培养。

（三）研究型课程——信息技术作为学习工具

研究型课程组织教学的方式类似于科学研究。在这种模式下，学习的角色是学习的积极参与者。在信息技术的帮助下，学生可以从多种渠道寻找信息，然后分析、归纳、整理、提炼各种资料，并找到其中有价值的信息，同时运用各种信息工具，对科研的过程和方法进行体验，最终提出支持自己观点的依据。

一般情况下，教材中的内容不是研究型课程中的整合任务，课后的延伸甚至社会中的某些问题才是研究型课程中的整合任务。它不再受传统单一学科学习框架的限制，而是以学生认知水平的不同为依据，以主题活动的形式将学生感兴趣的社会问题呈现给学生，使得学生在研究和探讨的过程中完成学习任务，最终达到课程目标的要求。通过主体性、探索性、创造性地解决问题，学生可以有机地将多个学科的知识结合起来，在最大限度上促进学生身心和谐统一地发展，比如学问性知识和体验性知识的结合、课外知识和课内知识的结合、社会知识和学校知识的结合。对于学生的主体性和参与的过程性，研究型课程中有更加突出的体现。从研究方案的形成、实施到完成任务的整个研究过程，都是学生自主完成，教师只是一般性地指导学生选题、收集和分析资料的方法等。我们说教师对学生的学习进行一般性指导，并非指教师的作用可以忽略。实际上，在整个教学过程中，教师指导得成功与否，直接关系到研究型学习的成败。

在组织研究型学习时，如何确定研究主题，将是整个研究型学习的关键所在。因此，教师在选择研究主题时，要考虑学生的认知能力和年龄特点，采用循序渐进的原则。

总而言之，信息技术与学科教学的整合不仅有效地提高了教学效率，还有机地结合了教学资源和教学要素。信息技术与课程整合是在教育学、心理学和教育技术等教育理论和学习理论的指导下，运用系统方法协调教学系统中诸因素的作用、联系和相互之间的影响，使整个教学系统保持协调一致的手段和方法。

## 三、信息技术与课程整合应注意的问题

目前，在课程整合的过程中还存在很多问题，但我们不能因噎废食，

而应该积极探索，努力研究，扬长避短，采取有效的措施，推动信息技术和学科课程整合的健康发展。

（一）要实现整合观念的转变

课程整合不是简单地把信息技术和学科教学进行相加，混合在一起，而是要把信息技术与学科教学有机地融合在一起。应实现这样两个方面的转变：一是要将信息技术从学习对象转变为学习工具，将信息技术看作一个重要载体，用其保证教育质量，要有效地结合信息技术的应用和日常的教育教学，将信息技术真正地运用到学习之中；二是要将信息技术从辅助教学手段转变为学生学习的手段，将信息技术在学生自主学习、主动探究、合作交流方面的优势完全发挥出来。

（二）避免在教学中片面地追求技术和手段

多媒体课件具有形象生动的画面、悦耳动听的声音，并且既有图片又有文字，可以在很大程度上刺激学生的感官，在提高课堂教学效果方面具有非常大的作用。因此，大多数老师因为过度重视多媒体而将教育的本质和理念忽略。而师生互动、生生互动才是教学的本质。多媒体频繁地更换画面，教师和学生的眼睛一直盯着画面，以大量的重复刺激学生。而过度使用多媒体会使信息技术原本具有的优势完全丧失。认识学习理论认为，外界刺激和人的内部心理过程相互作用产生了人的认识。因此，在教学过程中，教师要将学生的主动性和积极性充分发挥出来，做到有效的师生互动。如此，学生的学习效率才能有效提高。

（三）避免在教学中片面追求形象性和生动性

就目前的情况来看，许多教师在课件的制作和网络化教学中对课件的形象性和生动性有着过分地追求，将学科教学的个性特征忽略了，这样的做法不但教学效果没有明显提高，教学任务也无法切实可行地完成。因此，教师应该纠正片面追求课件生动性、不切合教学实际的做法，以学科的教学目标、教学内容的要求、学生的年龄特征和认知特点为依据，在教学活动中充分利用多媒体计算机的交互性和主动参与性，在充分利用外部刺激的多样性的基础上设计新型教学模式。这种模式不仅要突出学科知识特点，还要充分发挥各种设备的潜力，实现教学系统的最优化。

（四）避免在课程整合的过程中向学生罗列知识点

为了方便快捷地获取大量的知识和信息，难免会运用信息技术，但是教师盲目加大信息化教学中的知识量，会缩短学生思考和反馈的时间。长此以往，不仅会降低学生的学习质量，还会降低学生的学习能力。从教育心理学角度看，一个成年人在45分钟的时间内只能接触和理解有限的知识和能力。一旦超过这个限度，太多的信息会严重降低学生的学习质量。因此，在教学过程中，教师要将信息量控制在一个合理范围内，要将多媒体技术看作一个达到教学目的的手段。可以使用多媒体技术创设教学情境，将学生的学习动机激发出来，组织学生围绕教学重、难点进行分组合作学习。在授课中运用信息技术时，教师要提供充足的思维和活动空间给学生，要对学生的交互式学习、主动探索，教师的帮助者作用，信息的反馈进行强调。

## 第四节　高校管理信息化延伸发展

### 一、新媒体在高校教学中的应用

媒体是传播信息的媒介，承载、加工和传递了很多信息。当媒体出现在校园里并且作为一种教课的工具时，作为承载了教育信息的工具，被称为教学媒体。从20世纪70年代末开始，我国的媒体刚起步，在随后的几年里，学校通过广播、收音机等工具传递信息，这也是当时媒体主要传播的工具。直到1979年，我国成立了广播电视大学，开始重视媒体教学工具。在大学阶段，媒体教学越来越重要，尤其是艺术生，电影、电视剧进入大学教室，从而结束了单向媒体的历史。电影电视是动态的，里面包含了声音、真实场景、艺术色彩、动态等，深受广大学生喜爱。近年来，计算机多媒体和计算机网络具有人机交换功能，集声像、语言、图片和色彩多方位刺激的教学手段于一体，带来了整个教学过程的巨大变化，这些新型媒体以丰富的信息和传递便捷、交互性强的特点，大大改变了传统的教学模式和学习方式。

（一）新媒体的界定及特点

1. 新媒体的界定

在阐述新媒体的界定之前，首先对新媒体进行简单的阐述。所谓的新媒体是一个宽泛的概念，即利用数字技术、网络技术，通过互联网、宽带局域网、无线通信网、卫星等渠道，以及电脑、手机、数字电视机等终端，向用户提供信息和娱乐服务的传播形态。严格地说，新媒体应该称为数字化新媒体。

对于新媒体的界定，目前没有明确的划分标准，很多学者对新媒体的观点认为：“新媒体的构成因素区别于传统的媒体，否则，也不会受到广大学生的热爱和追捧，当然了，新媒体是在传统媒体的基础之上改进的。”本书认为：①按介质形态分为报纸、杂志、广播、电视等“四大传统媒体”，其余皆为“新媒体”，但电脑、手机、Pad、液晶屏层出不穷，若按此种分类方式未免过于泛泛。②出现时间的先后顺序分为报刊、广播、电视、互联网四大媒体，并将移动网络称为“第五媒体”。但此种分类也不甚严谨，iPad上的刊物，到底是报刊媒体，还是互联网媒体，还是移动网络媒体？分众的液晶屏应划入哪个媒体？若按此种分类方式做界定时未免力有不逮。传统媒体和新媒体的对比图如下图所示。

传统媒体和新媒体对比

2. 新媒体传播的特点

新媒体与传统媒体相比具有很多新的特点：

（1）传播方式由单向转变为双向。传统媒体采取单向的、线性、不可选择的传播方式。它集中表现为在特定的时间内信息发布者将信息传播给被动接受的受众，且受众不会向传播者反馈。以这种静态方式传播的信息不具有流动性。新媒体采取双向的传播方式，传统模式下的发布者和受众都是信息的发布者，而且两者还可以互动。比如近些年北京的交通广播电台发展较好，因为通过短信互动的方式加强了电台与受众的互动，信息的价值变得更高，同时，受众的参与感也变强，而且充分地调动了受众的主动性和积极性。信息的互动改变了受众原本的被动性，使其变得更加主动。

（2）传播行为更为个性化。微博、微信等新传播方式的出现，将每一个人都变成信息的发布者，都可以将自己的观点表达出来，将自己关注的信息传播给别人。个性化的传播方式既将发布信息的快感带给发布者，也产生一些弊端，比如个人隐私泄露、传播的信息良莠不齐、管理困难等，从而对受众的信息选择能力的要求变得更高。

（3）接受方式由固定转变为移动。因为无线移动技术的发展，使得新媒体具有了移动性。随着移动技术的发展，移动性将成为未来新媒体的主要特性。

（4）传播速度实时化。技术的发展使得新媒体的实时传播得以实现，不再需要复杂的剪辑和烦琐的后期制作与排版，技术的简单便捷使得信息在全球实时传播得以实现。任何传统媒体都无法超越新媒体的这一优势。目前，大多数的门户网站都可以做到实时传播声音和视频音频，在很大程度上缩小了时空的距离。

### （二）新媒体在教学中的应用

本书以钦州学校的新媒体建设为例探讨新媒体在教学中的应用。在新媒体的教学应用上，钦州学院目前还处于起步阶段。2011年开始陆续购置了30多套交互式电子白板和超短焦投影，2012年建成了网络教学综合平台，2013年引入了10多套交互式触摸一体机，大大推进了该校在新媒体环境下的教学信息化改革以及网络教学实践，提高了信息化教学水平。

#### 1. 利用交互式媒体打造灵活的、多联结的多媒体学习空间

当老师在讲台上使用60英寸的智能平板授课，教师可以直接手动操作计算机，使授课内容生动形象地展现在学生面前，激发了学生的兴趣，同时也改变了传统多媒体教师单向传播的缺陷。交互式电子白板、交互智能平板等交互式媒体的使用，可以加强课堂互动，优化课堂结构，便于灵活实施教学过程。基于两年来该校对交互式媒体在课堂教学中的实践，结合交互式电子白板及交互智能平板的功能，对其在教学中的主要应用优势分析如下。

（1）注解、编辑功能。多媒体的灵活性很高，可以直接在上面编辑文字，添加注解，能灵活地引入多种类型的数字化信息，在添加内容、编辑文字的同时，还可以展示和控制。

（2）绘图功能。随着我国高科技的发展，新传媒也在不断地更新变化着，多媒体的功能会越来越强大。目前，在授课的过程中，可以借助多媒体进行绘图。交互式电子白板拥有丰富、科学的工具，便于实验、设计，让学生参与其中。比如，在实物连线实验教学环节中，需要在白板上画出电路实验需要的仪器时，因为操作简单，学生都很有兴趣，参与踊跃，充分体现了交互、参与的新课程理念。

（3）存储与回放功能。写在白板上的任何文字，画在白板上的任何图

形或插入的任何内容都可以被保存，可供以后教学使用，或供以后与其他教师共享；也可以打印出来以印刷品方式分发给学生，供课后温习或作为复习资料。这样不仅提高了课堂效率，还能帮助学生在课后实现知识的巩固。

2. 推进网络教学平台的应用，创设开放、共享的网络学习环境

（1）媒体的碎片化。造成媒体碎片化的原因主要有三个：一是新型媒体平台的更新速度太快，更新间隔越来越短。在报纸出现300多年后，广播电视才出现，在此70多年后，互联网媒体才出现。但是近些年来，智能手机、iPad、智能手表更新迅速。二是技术的发展降低了媒体建立的难度。之前，报纸、杂志需要印刷才能发行，广播、电视需要频段才能播出，即使是在互联网时代搭建一个互联网服务器门户也离不开技术支持。但是Word Press的出现，使得独立博客的重心完全放在要传播的内容本身，不需要关注网站技术，微博、微信公众号的出现使得信息传播更加方便，任意一个人都可以注册账号传播信息，提供多媒体服务。如此一来多媒体建立的难度便降低了，成本也减少了，参与多媒体制作与发布的人就会越来越多，从而使得多媒体出现了爆炸式增长。三是用户兴趣更加多元化，对细分领域的优质内容的追求变得更高。以IT行业为例进行说明，门户中庞大复杂的信息已经不能满足用户的需求，若是对投资创业感兴趣，他们会去看36氪；若是对IT商业感兴趣，他们会去看虎嗅；若是阅读精力有限的人，他们会对微信公众号“PEVC+TMT每日干货精选”进行关注。

媒体已经有能力将更加精细化、个性化的服务提供给小众受众。但是上述三项原因使得媒体向碎片化发展，同时也将单个媒体的成长空间和投资价值拉平。

（2）媒体的立体化。从前，用户只能在“特定时间”“特定场所”从纸质刊物、广播电视上“主动获取”媒体信息，属于单点接触；目前，用户可以在“任何时间”“任何场所”“被动获取”信息，用户几乎已经被媒体无死角360° 全方位覆盖。

（3）媒体的广义化。目前，媒体的外延变得更加宽泛，尤其是正在与一切领域进行结合的网络媒体。罗振宇曾经说过“一切皆媒体”，这句话背后真正的原因是“媒体业”正在发生巨大的转变，由原来的具有明确边界的行业向任何行业、任何人都能参与、使用的工具转变，它原本的界限已经不明确，信息的传播的扁平化更加迅速。

3. 新媒体环境的不断完善

随着新媒体在我国高校教学应用中的普及与推广，明显改变了教学过程中的三种关系，一是教师与学生之间的关系，二是学生与学生之间的关

系，三是教师与教师之间的关系。但是就某些学校来说，不论是教师还是学生都没有做好充足的准备去接受新媒体带来的这种变化。为了使新媒体教学应用被更多的师生接受、完善新媒体环境、提高教学效率、优化教学效果，应该继续转变观念、加强改革。

（1）教师要转变以往的观念，提高对交互式媒体及网络媒体的应用能力。教师在上课之前，要对多媒体熟悉，进行多次操作，熟悉电子笔的使用方法、各个工具栏的功能，注重其交互性；在授课过程中要看学生的反映，是否能接受该授课方法。

（2）我国教育部应鼓励全面开展网络辅助教学，为了社会的发展，推动网络教学的手段，全面开展网络辅助教学；加强建设网络课程，实现教学资源数字化和教学互动网络，继续广泛开展教育教学资源库建设。

## 二、高校新媒体教学环境构建与管理

随着现代高新技术的发展，新媒体占据着各个领域，在学校里，多媒体教学的环境也日益完善。多媒体教室的建立不仅提高了教学质量，而且让学生在学习的过程中受益，激发了学生的学习积极性，同时为传统教学模式提供了新的平台。但如何充分、合理、安全、科学地构建、管理多媒体教室，满足多媒体教学需求，保障多媒体教学的正常进行是当前教学管理部门亟待研究和解决的问题。

### （一）多媒体教室构建的原则

1. 便捷性

改变以往的教学模式，解决了教师在上、下课开关设备的烦琐问题，采用了一键开关机，又或者可以远程操控，主要目的就是方便老师操作。

2. 经济性

为了降低总投资的成本，可以系统地设计设备，求得先进性与经济性的完美统一，做到设备性能、价格比的最好综合，从学校教学管理的实际需求出发，摒弃一切求学不需要的那些华而不实的东西。

### （二）多媒体教室的构建

多媒体教室的构建应根据构建原则，科学、合理地选择设备。设计多媒体操作台，根据学科需要及拟建多媒体教室的位置、形状、大小、座位数量，相对集中地构建多媒体教室。根据管理方式，可分为单机型和网络管理型多媒体教室。

1. 单机型多媒体教室的构建

单机型适合多媒体教室相对分散的区域，或是对设备要求较简单的部分学科的多媒体教学。

（1）电子书写屏。电子书写屏的使用省去了显示器，并替代了黑板的传统书写功能。目前主要产品有WACOM、伯乐、鸿合等，其主要功能为同屏操作、同屏显示、具备风格各异书写笔、自动排版、文书批改、手写识别、动态标注、后期处理等。电子书写屏的使用可有效避免多媒体教室设备因使用粉笔灰尘过多而导致故障、影响设备的使用，尤其是投影机因灰尘过多而频繁保护停机以及液晶投影机的液晶板因灰尘过多产生物理性损伤，同时提供给教师洁净的教学环境，有益于教师身心健康。❶

（2）中央控制器。采用具有手动调节延时功能的中央控制器，设定时间控制投影机、功放、投影幕布、计算机等设备的开关，保证投影机散热充分，延长投影机灯泡和液晶板的使用寿命，并防止多个设备同时通电和断电时对设备的损坏。

（3）扩音系统。扩音系统的配置需根据多媒体教室的大小、形状及教学声音环境要求选择，应选用无线话筒，利于教师在教学时方便表现其形体语言。目前使用的扩音设备有2类：壁挂式和组合式，两者都具备线路输入功能，能满足相应音源的扩音需要。有的学校多媒体教室使用移频增音器，教师在短距离内脱离了话筒的束缚，但过多地衰减了低频和高频，且扩音效果也不尽人意。

（4）操作台。操作台应根据设备规格科学合理地设计定制，满足使用的方便性（如教学需用设备接口的安装），并兼顾防盗性。操作台门锁采用电控锁，通过中央控制器实现一键开、关机，即一开即用、一关即走，极大地方便了教师的使用。

单机型多媒体教室在构建中应根据多媒体教学特点采取优化措施，不用录像机、DVD、展示台、卡座等不常用或多余设备，使整个系统简洁明了，利于教学与管理。

2. 网络管理型多媒体教室的构建

网络管理型多媒体教室适合于多媒体教室相对集中的区域，根据各学科需要构建功能不同的多媒体教室。该配置与单机型多媒体教室配置的不同在于采用网络中央控制系统，操作可采用网络远程控制和本地控制，增加了监控系统，其相关功能如下。

（1）硬件方面：①学生端图像处理系统，采用了Pad高清摄像头一体

❶ 陈敏. 高校多媒体教室开放式管理的构建与探索[J]. 实验室研究与探索，2014，33（05）：244-247.

机配专用安卓APP操作系统，可以独立处理分析数字图像。②教师端图像处理系统，采用了高清数字摄像头，配备了计算机和教师端操作系统，可以独立处理分析数字图像，指导学生学习，功能更为强大。③学生端和教师端可通过网络云共享数据，实验数据随时备份，可实现分级共享及网络异地共享。④无线AP互联无须布线安装方便，可以支持60多个学生终端，传输快速、稳定。

（2）软件方面：①教师端可以完全控制学生端电脑，包括显微图像。②广播教学功能强大，教师端图像一键广播给每一个学生，也可以将随身携带的笔记本电脑内容广播给学生。③学生演示，可以将某个学生的图像演示给其他任意学生。④教师端可以灵活地限制U盘使用、光盘播放、打印机使用、网页浏览、程序使用等。⑤教师端可以实时监控学生端图像，也可以监听学生端声音。⑥屏幕笔可以进行丰富多彩的图文形式教学，可以对显微图像进行动态实时讨论。⑦共享白板功能，教师与学生可以在同一个虚拟桌面内共同完成一项任务。⑧通过彩信等可以实现师生间丰富多彩的互动交流。⑨数字图像分析系统具有图像采集、处理、测量分析等功能。⑩全面教学测评功能，随时监测教学效果。

（三）多媒体教室的管理

目前高校教学基本建设不断发展，多媒体教室不断增加，只有不断完善多媒体教室的管理才能保证多媒体教学的正常进行。

1. 管理系统建设

管理系统建设分为多媒体教室教学管理系统和多媒体教室网络控制管理系统。教学管理应由目前普遍使用的人工安排多媒体教室逐步过渡到网上预约，通过开发适合本校实际的多媒体教学管理系统，采取智能化预约，提高多媒体教学的管理效率。

多媒体教室网络控制管理是指通过该系统可在主控室内控制多媒体教室内的相关设备，实现设定功能，并能实时与任课教师交流，保障教学正常进行。目前国内生产多媒体教室网络控制管理系统的厂家较多，比较典型的有北京华讯科技公司开发生产的WISE系列、北京中庆现代技术有限公司开发生产的“育港”系列、浙江大学方圆科技产业有限公司开发生产的“鸣泉”系列等。应根据教学实际多方论证，选择适合本校的多媒体教学的系统。多媒体教室网络控制管理系统的实施将使反映问题和解决问题变得更加快捷。管理上的方便、直接和高效，解决了多媒体教室数量增加后，管理复杂、人员紧张的难题。

2. 管理队伍建设

以人为本，明确人才队伍建设对多媒体教室管理的作用与地位。在加强多媒体教室硬件建设的同时，应注重和加强管理技术队伍的建设。多媒体教室管理技术队伍是多媒体教室建设的骨干力量，对保障多媒体教学正常进行及教育技术与课程整合起着重要作用。因高校各学科教师对多媒体技术掌握程度不一，管理人员的任务不仅仅是建设、管理好多媒体教室，同时应根据教师需要担负起多媒体技术培训的任务，更好地为教师服务、为教学服务。

在队伍建设方面应逐步引进高学历、高层次人才充实到管理技术队伍中来，改善队伍知识结构。为现有技术人员制订培训计划，定期到国内名校进修，应特别重视新技术的学习与消化，提高业务水平和实践技能，以适应技术的发展和多媒体教学的需要。重视和发挥管理技术队伍的作用，用好人才，积极创造条件，调动人员的工作积极性。加强考核，建立人员考核制度，提高队伍的整体素质，造就一支业务水平高、奉献精神强、富有团结协作精神的管理技术队伍，使其为学校教学科研工作做出积极贡献。只有不断优化结构，提高素质，建设高水平管理技术队伍，才能充分发挥现代信息技术的作用；同时，通过多媒体教室的构建，在实践中积累经验，完善多媒体教室建设，更好地为教学服务。

3. 管理方式建设

多媒体教室使用人员广，操作水平参差不齐，使用频率高。应根据不同配置，采用相应的管理方式，这对优化管理资源极其重要。

（1）自助式管理。自助式管理是指教师在掌握多媒体技术和操控的前提下，对所使用的多媒体设备实行自我管理模式。每学期开学之前，多媒体教室可以根据相关教师所授课的内容进行开放，进行技术培训。对能独立操作的教师核发独立操作证书，对其使用教室采用自助式管理，上课前到规定地点领取钥匙即可，设备的开关由教师自行操作。在自助式管理过程中，管理人员应加强对多媒体设备的课后维护，对每次检查结果及时登记备案，发现问题及时解决，保证下次课设备正常运行。自助式管理适合于相对分散、无法或不适合安装管理系统的多媒体教室。该措施的实施能有效缓解管理人员紧张的局面，当然需要相关职能部门的配套支持。

（2）服务式管理。对于实行网络管理的装有监控系统的多媒体教室实行服务式管理。服务式管理是指教师无须对设备开关进行操作，通过网络管理系统对开课多媒体教室教学用设备在上课前5～10分钟全部开启（投影机、计算机、展示台等设备），教师直接使用设备即可。管理人员通过监控系统全程监控设备使用情况，上完课后，检查设备状况并关闭设备与操作台。服务式管理与自助式管理都应在管理过程中加强设备管理，增加巡查力度，做好记录，即时了解设备使用状况、投影机灯泡的使用时间，定时还原计算机系统等。这极大方便了教师的使用，提高了效率，体现了管理为教学服务的思想。

多媒体教室的构建与管理是一项系统工程，科学、先进、管理规范是多媒体教学的基本保证，管理人员应在实践中不断摸索，及时沟通，以教学为本，加强管理机制，最大限度地保障多媒体教学正常进行，促进技术与课程整合。

# 第六章
# 高校教育教学管理实践研究

随着现代教育的发展，我国高校教学管理工作越来越重要，教学管理工作成为当代教育实施的关键。完善的管理体系可以促进高校教学体系的快速实施，增加管理经验，培养更多的教育人才。

## 第一节　实践教学体系的构建与实施

建设创新型国家是我国发展的重大战略，毫无疑问需要一大批开拓创新的高级顶尖人才。科技时代，要想成为一个真正的创新者，不仅需要完善的知识体系，还需要扎实的基础，创新的勇气，与好奇、兴趣不可分的想象力，以及独立思考的能力和批判性思维。我国高校的教学管理不断深化改革，以大学生创新能力培养为目标，整合实验实践资源，构建了基于实验、设计、工程、科技创新四条主线，每条主线包含三层次内容的“四主线三层次”实践教学体系；探索了基于课程的实验室向本科生开放的有效模式，基于创新项目、实验室开放、学科竞赛、社团活动的大学生创新能力训练模式，基于大工程观的“五纵五横”现代工程训练模式，促进了“四主线三层次”实践教学体系的实施。

### 一、“四主线三层次”实践教学体系构建：开放式、立体化

实践教学是提高学生综合素质，培养学生创新精神和创新能力的重要途径。通过整合优质实验、实践教学资源，从实验、设计、工程、科技创新四条主线，每条主线分三个层次进行构建研究型大学实践教学体系，如图6-1所示。以科技创新主线为核心，在大学生创新能力培养的目标牵引下，通过学生的创新活动将实验、设计、工程三条主线紧密结合，构成一个整体，因材施教，促进学生知识、能力、素质协调发展。

#### （一）实验主线：验证认知性、综合设计性、研究创新性

在现代高校的教学模式中，实验教学起到的作用非常大，能够让学生将课堂知识和实践相结合，提高学生的综合能力。这既能提高学生的理论知识，又能提高实践技能。高校在教学过程中，要培养学生刻苦钻研的精神，保持实事求是的科学态度，灵活多变的学习思维，具有坚忍不拔的科研态度。研究型大学必须更新实验教学理念，更新实验内容，加强实验教师队伍建设，整合全校优质的实验资源，从创新性人才培养的全过程来综合考虑实验教学的改革。实施分层次实验教学，建立三个层次的实验项

目，即：验证认知性、综合设计性、研究创新性实验。以人为本，推进实验室全面开放，创造条件促进学生的个性发展。

图6-1 “四主线三层次”实践教学体系图

1. 更新理念和实验内容

我国传统的实验教学中，讲解的实验内容比较陈旧。实验课程应该是锻炼学生的创新能力，但是我国的实验课程主要还是以理论讲解为主，所学的实验课程根本达不到高校教学的期望，学生的创新精神没有得到充分培养。针对这种不足，紧紧围绕三个层次来设计实验项目，加强综合设计性、研究创新性实验的比重。鼓励学生自主创新，努力学习尝试自主设计，用创新的理念开展实验研究。第一，将现代的前沿成果带入实验课程，扩展学生的知识；第二，鼓励学生积极参与科研项目或研究课题；第三，让学生自主进行科研或工程项目研究，锻炼其动手能力。

2. 整合实验资源

创新性人才培养需要高水平的实验教学，高水平实验教学是创新人才培养的有效载体。根据学科特点，对分散的实验资源进行整合优化，建立学校级公共实验实践教学平台、学院级实验教学中心。例如，整合建筑、新闻与影视、设计艺术、软件等学院的资源，成立摄影艺术实验中心校级平台；整合电工电子实习基地、经济管理数据中心、工训中心、教育技术中心，成立二级教学单位教育技术与现代工程训练中心。通过资源整合，促进资源的进一步优化，为学生开展研究创新性实验提供条件。

3. 推进实验室开放

开放式实验教学是学生通过选择不同层次的实验项目，在实验室自主进行实验的一种实验教学方式。实验室开放为学生开展科研创新活动构筑了一个良好的支撑平台，提供了自主学习的时间和空间，有助于激发学生参与实验的兴趣，培养学生独立分析解决问题能力，促进学生个性化发展和创新思维的发挥。湖南大学出台了《实验室向本科生开放暂行管理办法》，对国家级、部省级重点实验室、研究中心以及各类学科实验室提出了向本科生开放的要求，制定了保证实验室开放时间的管理制度，设立"开放实验"课程，建立了开放实验学习网、开放实验网上预约管理系统，很好地吸引了学生走进实验室开展创新活动。

（二）工程主线：认识与生产实习、现代工程训练、专业与毕业实习

工程是人类以利用和改造客观世界为目标的实践活动，工程本身就具有很强的创造力，工程涉及很多知识，综合性很强，为人类带来了巨大的收益和福利。我国研究型的大学目的就是为了培养出更多的社会人才，为我国的建设提供更多的技术人才，加快我国的基础建设。高校为学生提供的实践机会，可以从认识与生产实习、现代工程训练、专业与毕业实习来开展，通过这三个方面的实习来提高学生的实践能力和创新意识，从而加强工程教育的建设，全面改革工程教育教学模式。

（三）科技创新主线：创新品格、创新思维、创新行动

研究型大学必须为学生科技创新活动提供平台，让学生有了创新冲动以后能够有机会去尝试，无论是成功还是失败，都是一个很好的锻炼过程。大学生科技创新主线包括三个层次，塑造创新品格、激发创新思维、开展创新行动。

1. 塑造创新品格

创新品格主要指创新精神或创造性个性倾向，是创造性发展的动力和方向性保证。它是实现创新所表现出来的与一般人相异的那些心理特征。创新精神作为一种深层的人格品质，在创新行动中极为重要。

2. 激发创新思维

每个人都具有创新的潜能，创新思维的培养是造就创新人才的基础。培养大学生的创新思维应注重独立思维品质、发散性思维品质和想象性思维品质的训练。学生要敢于提出问题，对不合理的东西要敢于提出自己合理的观点，做出自己的判断。增强学生的信心，对于学生来说是非常重要的。爱因斯坦曾经说过："提出一个问题比解决一个问题更有意义，因为解决一个问题只是用所学的知识与技能去处理问题，而提出问题是以全新的角度来看旧的问题，能提出新的问题说明了想象力很丰富，敢于猜想不

同的观点，这也真正推动了科学的进步与发展。”所以，培养高校学生的创新思维非常关键，这也是高校实践教学必须遵守的重要原则，激发学生的创造力，提高学生的发散性思维。

3. 开展创新行动

为学生提供的创新行动平台主要包括以下几个方面：第一，实施大学生创新训练（SIT）计划，加大单个SIT项目的资助力度，着重资助学生自主设计的项目。第二，建立创新性实验室，因材施教，鼓励学生自己设计实验方案，促进学生个性化发展。第三，积极组织学生参加学科竞赛，做好比赛前的指导和培训。第四，鼓励学生进入教师科研实验室与科研团队。

## 二、“四主线三层次”实践教学体系重点探索三种：实验室开放、大学生创新能力训练、现代工程训练教学

实践教学体系重点探索三种模式，以更好地促进“四主线三层次”实践教学体系的实施：一是基于实验项目构建网上开放预约平台，促进实验室向本科生开放的模式；二是基于创新项目、实验室开放、学科竞赛、社团活动的大学生创新能力训练模式；三是基于大工程理念的“五纵五横”现代工程训练模式。

### （一）构建基于实验项目的网上开放预约平台，探索了实验室向本科生开放的有效模式

在修订本科专业人才培养方案时系统考虑人才培养目标与科研、教学实验室开放的关系，在文化素质教育课程中设立“开放实验”课程的同时，鼓励有关实验课程独立设课。注重时间开放的同时，强调内容和方法的开放，对推进实验室，特别是科研实验室向本科生开放，培养学生求真务实的精神和解决问题的能力具有重要的意义。

1. 实验项目内容

《开放实验》课程实验项目由两部分组成：第一部分为演示性、验证性项目，学生可在全校范围内自主选择。以学科实验室开放为基础，逐步开拓学生视野，使他们初步了解有关学科发展的前沿知识。包括由国家重点实验室、国家工程技术研究中心、国家级实验教学示范中心及部省级重点实验室向本科生提供的开放实验项目，校级、院级公共平台实验室（含科研实验室）向本科生提供的开放实验项目。每个项目一般为2～4学时。例如：汽车车身制造技术国家重点实验室开出的汽车碰撞实验、风工程试验中心开出的风洞演示性实验等。第二部分为综合性、设计性、创新性项

目。可以由学院提出项目供学生选择，也可以是学生自拟项目。学院积极组织教师根据实验条件开发出高水平的综合性、设计性、创新性实验项目，每个项目不少于20学时。鼓励学生根据所学知识及兴趣自行拟定项目进实验室完成。

2. 项目预约与管理

实验室开放涉及实验项目、开放时间、学生兴趣和课余时间等多个方面，是一项系统工程，要做好实验室开放工作必须要有信息化的管理手段。湖南大学为此专门开发建立了基于B/S架构的网上开放实验预约平台。学校通过预约系统面向全校学生公布开放实验项目，学生可以自主选择项目、自主选择时间。该系统包括学生、教师和管理员三个大的子模块，三者之间有机地联系在一起，形成一个互动的整体。

（二）基于大工程理念，坚持四个原则，建设一流现代工程训练中心，建立“五纵五横”工程训练教学模式

1. 大工程理念

现代工程正以工程链的形式呈现出集成化的面目，科学、技术、人文、社会、经济、管理、伦理、道德、法律等内容无不包容在内。大工程理念，是一种面向工程实际的理念。美国麻省理工学院院长乔尔·莫西斯认为，大工程理念是为工程实际服务的工程教育的一种回归。从大工程理念来看，21世纪高素质的工程人才应包括以下9种能力：工程知识能力、工程设计与创新能力、工程实施能力、价值判断能力、团队协作能力、交流沟通能力、考虑环境影响的能力、社会协调能力和终身学习能力。

2. 四个建设原则

一是不替代原则。现代工程训练中心不替代现有专业实验室，但可以对专业实验室进行整合，构建综合性的工程训练平台或教学模块。二是不重复投资原则。同样的教学目的、相同或类似的教学内容，如果已有相关的实验室或工程训练基地，不重复投资。对于专业实验室现有设备或条件薄弱的，可以考虑适当补充先进最新设备，完善实验条件。三是集中与分散相结合原则。工程训练在场地空间上实行集中与分散相结合的原则。对于涉及学生人数多，便于集中教学的平台可以集中在一个地方。对于依托现有专业实验室、训练基地整合而成的教学平台，可以采取分散的形式进行建设。四是统筹规划、分步实施原则。在建设前期，先对现代工程训练中心的教学内容进行充分调研、论证，按照建设的指导思想规划好各个平台的训练模块，结合学校实际情况分步建设相关内容，逐步向学生开放，最终向社会开放。

3. 建设一流的现代工程训练中心

工程教育改革本身是一项系统的工程，必须以大工程理念贯穿于人才培养的全过程。从开始的理论知识、大工程背景知识，到初步的工程认识、体验，再到基本的典型工程训练，到最后的实际工程实践，是一个循序渐进、由易到难、简单到复杂的过程。

4. “五纵五横”现代工程教学模式

“五横”是指按照工业门类，建设5个工程训练平台：机电工程、电工电子、信息类、土木建筑环境、材料化工；“五纵”是按照大工程观理念和紧跟现代科技前沿、紧密联系实际的思想，贯穿上述5个横向工程训练平台建设的5个纵向平台：经济管理、工业环境模拟（学习工厂）、大学生创新训练（SIT）计划、科学研究、对外服务，如图6-2所示。

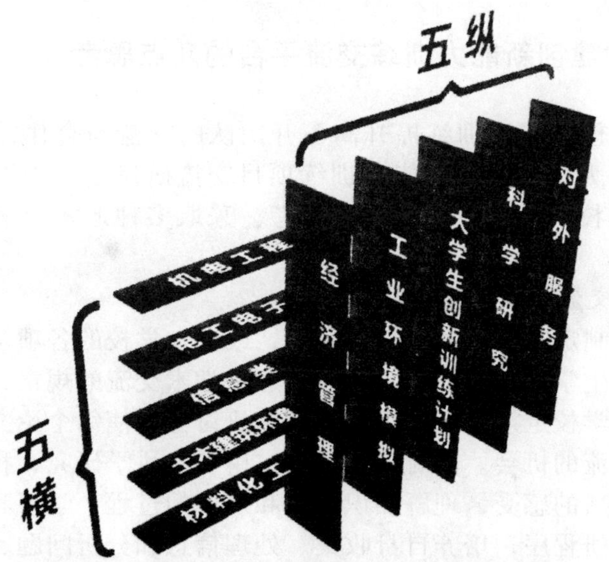


图6-2 “五纵五横”现代工程训练教学模式图

## 三、创新点

我国高校教育的教学体系构建的主要创新点有以下几方面。

（1）在大学生创新能力培养目标的牵引下，从实验、设计、工程、科技创新四条主线，每条主线设计三个层次的教学内容，构建开放式、立体化的“四主线三层次”实践教学体系。以科技创新主线为核心，通过学生的创新活动将实验、设计、工程三条主线紧密结合，构成一个整体，因材施教，促进学生知识、能力、素质协调发展。

（2）优化科研实验室和教学实验室资源，建设“开放实验”综合课程，构建实验项目网上预约平台，探索了一种基于实验项目的实验室向本科生开放的有效模式。

（3）基于大工程理念，坚持不替代、不重复投资、集中与分散相结合、统筹规划与分步实施四个建设原则，建设一流现代工程训练中心，构建“五纵五横”现代工程训练教学模式。

（4）通过创新性实验计划、创新性训练计划、实验室开放、学科竞赛、SAE方程式赛车、课外科技创新基地、科研成果进实验和进毕业设计等方式，不断推广研究性教学、研究性学习和个性化培养教学模式，形成了课外科研项目、实验室开放、学科竞赛、社团活动四种大学生创新能力训练模式。

## 四、构建创新能力训练交流平台的几点思考

大学生创新能力训练提升离不开团队的交流与合作，教育部每年都会组织全国大学生的创新能力训练项目交流研讨会。为提升学生创新实践能力，学校可从以下几个方面思考，采取多种形式为学生搭建学术交流平台。

### （一）交流学术，开阔眼界

学校可制定本科生学术交流制度，或者在学校的各项学术管理规定中考虑到本科生学术交流的需求。按照通常学术交流的规格，鼓励学生撰写学术论文，学校定期为大学生举办学术研讨会，使每个论文提交者都得到一次大会交流的机会。同时倡议学生宣讲参与科学研究、积极申报项目、投身科技创新的感受，理解知识产生和发展的过程，学习和掌握基本的研究方法、科研程序，培养自身收集、处理信息和分析问题、解决问题的能力，培养崇尚科学的精神。选拔优秀项目和学生参与全国或全省大学生创新性实验计划学术研讨会，学习兄弟高校的先进经验，返校后向其他同学宣传交流。

### （二）建立团队，自我管理

组建创新小团队，增强团队协作能力，可以让学生明白团队协作精神在现代社会中的重要性。按照不同专业特点，将全校参与创新性实验计划的项目分成机械、电气、材料、化学、环工、计算机、土木建筑、金融、经贸、会计等理科、文科不同类别的创新小团队。每个小团队自主推选组长、副组长，负责定期开展活动，召集成员交流心得、探讨问题、分享经验。各创新小团队还负责对本专业低年级学生进行宣传、指导。学校根据

各创新小团队活动开展情况，召集组长进行跨学科交流，通报各自研究情况。通过创新小团队的建立，可以有效推动项目成员自我管理和过程监督，促进创新研究的积极开展。

（三）宣传典型，以点带面

典型示范是指借助典型人物、典型事迹的影响力，教育和感化学生，使学生自觉地将优秀的思想和良好行为内化为自身的思想品质和个人行为。为及时总结创新性实验计划项目的成功经验，发挥优秀项目典型示范作用，学校可在校报开设“创新展示”专栏，综合报道学生科技创新活动的典型事例，同时通过电台、电视台定期宣传优秀成果，利用展板、实物、传单等形式举办成果展示活动，举行先进典型案例报告会，宣讲优秀学生开展项目的成功经验。

## 第二节　构建面向工程的现代工程训练体系

科学技术是第一生产力，而工程技术是第一生产力中最重要的因素。工程师是开发和掌握核心技术、以技术创新推动国家新型工业化发展，“建设创新型国家”的领军人物。要实现这些目标，必须有一大批创新型的工程师。大学的根本任务是人才培养，但最终落脚点还是为服务社会。为了培养更多的技术工程人才，我国各所高校必须为之奋斗努力，为国家输送更多的中坚力量。

### 一、国际工程教育发展趋势

日趋激烈的全球化市场竞争和技术竞争，迫使企业不断进行市场调查，开发新产品，进行技术革新，优化生产过程和组织结构，降低成本，打入国际市场。因此，未来企业对工程师提出了更高的要求。国际高等工程教育出现明显的基础化、综合化、国际化和实践性趋势。

2001年，站在巩固与提升美国在全球竞争中的优势地位的高度，美国工程院（NAE）与美国自然科学基金委员会（NSF）共同发起了“2020工程师”计划，推动工程教育改革，造就适应2020年需要的工程人才。2004年和2005年先后发表了两个报告：《2020的工程师：新世纪工程的愿景》（简称《愿景报告》）和《培养2020的工程师：为新世纪变革工程教育》（简称《行动报告》）。在德国，大学工科是高等教育的皇冠，高等职业技术教育被公认为是德国经济起飞的秘密武器。在德国企业界，工程师的地位之高，向来为社会各界所仰慕。在法国，像巴黎高科集团这样的高校，是真正培养工程界精英的地方。工程师就是奇才的代名词，是最富有创造性的奇思妙想的人物。

工程教育的国际认证，也是国际工程教育的共同目标和任务。国际工程大会是有关工程教育和工程师资格互认的《华盛顿协议》《悉尼协议》《都柏林协议》《工程师流动论坛协议》《亚太工程师计划》《工程技术员流动论坛协议》六个协议组织联合召开的年会，会议的主要任务和目的是共同探讨如何促进国际间工程教育和工程师资格互认。其中《华盛顿协议》是上述六个国际间协议中最具权威性、国际化程度较高、体系较为完整的一个。

## 二、更新理念，构建面向工程的实践教学体系

我国工程师的质量与发达国家相比较，还有很大的差距。我国工程教育存在的问题主要表现在以下三个方面：第一，工程教育培养目标不明确。学校没有把培养合格的工程师作为工程教育的终极目标，人才培养结构体系不够完善，学科专业划分过细，课程结构不尽合理。知识面较窄。第二，工程教育定位不明确，实践环节薄弱。面向实际的工程训练不足。学生缺乏解决实际工程问题特别是复杂工程问题的能力，缺乏对现代工程所必须具备的有关经济、管理、社会等方面的知识的了解，缺乏参与现代工程的领导、决策、协调、控制的初步能力和管理素质。第三，由于我国的市场机制还不成熟，企业受短期利益的驱动，不欢迎学生到单位实习。工程教育与社会需求的结合不紧密，缺乏与企业紧密联系。

正是由于我国工程教育存在上述问题，使得我们培养出来的工程人才不适应工业企业发展的需要，往往是“有知识没文化”，“有技能没常识”，“有专业没思想”，不受企业界的欢迎。必须加强工程教育改革，以国际认证标准的理念指导工程教育人才培养。

### （一）革新课程体系和教学内容，改革教学方法

革新课程体系，强化基础知识学习和知识面的拓宽。学生在一定范围内自主选择课程，自主选择专业，促进学生的个性发展，形成了“以学生为主体、以教师为主导”的教学理念。到2011年，按照工程教育专业认证的理念，明确能力培养与各个教学环节的对应关系，制订学生相关能力达成路线图。通过专业之间竞争机制，促进专业教育阶段教学内容的更新，教学方式的改革，提高专业教育质量。让学生腾出时间以便更好地掌握基

础原理知识、拓宽知识面，提高综合能力。革新课程教学内容，特别是专业课和专业基础课，注重吸收科技发展的最新成果，将工程素质的要素转化为具体的教学内容和教学活动。强调科研促进教学，形成贴近工程实际的实践教学内容。一是将科学研究和工程实践中的科学前沿知识、最新成果融入实践教学中；二是将科研课题或工程项目中的内容开发成为子项目，让学生直接参与；三是让学生自己设计科研或工程项目，学校给予基金资助及有关条件，学生自己动手完成，提高学生科研能力和工程实践能力。推进教学模式和教学方法改革，提倡探索式、研究式、案例式、项目式教学，增开自学型、讨论型、研究型课程。

### （二）对各类设计工作进行改革，增加“项目式”设计

所谓“项目式”是指高校学生完成的课程设计或毕业设计中，在设计过程中确保一项项目为设计主线，把所学知识点融入设计当中，项目设计是以学生小组的形式来完成，最终老师会根据项目完成的质量来评定设计完成效果。通过项目设计的制作，可以提高学生的团队合作能力，帮助学生灵活运用所学知识处理生活当中的实际问题，提高学生的创新意识。在完成项目设计的过程中对老师的专业能力、控制能力、组织能力和创新能力等提高出了更高要求。在国外众多高校中，项目设计在各学院的地位十分重要。

### （三）加强“复合型”“双师型”“国际型”师资力量建设

在我国，高校教师普遍都缺乏工程经验。工程方面涉及知识比较多，教师对其了解不够深切，这是高等工程教育改革的瓶颈。中国工程院副院长潘云鹤提到：“一个工科专业教师如果缺乏工程经验，其后果不仅是难以对学生的工程实践提供有效的指导，更有害的是，由于教师不了解工程思维的内在特征，在理论教学中很可能会不自觉地代之以纯粹的科学研究的思维模式，从而对学生工程创新意识和创新能力的形成构成更大的障碍。”专业与课程的拓宽与复合，需要知识面宽、工程能力强的教师；实践教学的加强，需要工程实践经验多的老师；工程教育的国际化趋势，需要有国际经历和背景的教师。这些都对教师提出了更高的要求。高教为了实现教育改革目标，必须培养更多的跨课程或跨专业的“复合型”教师、工程背景深厚和知识技能过硬的“双师型”教师以及具有国外工程留学经验的“国际型”教师。高等院校将从以下几个方面努力：第一，将教师送到企业界进行培训，包括业务知识、管理知识、工程知识、服务意识等多个方面。在德国，一个称职的工科教师必须具有足够的工程经验，学校对工科教师的工程师资历在年限上有十分严格的规定，担任工程专业的教授至少要有五年的工程实践经历。同时，他们与工业界有自然联系的

网络，成为输送学生到企业实践训练和就业的联系人群体。第二，将高校表现优异的教师送往国外知名大学学习，了解国外先进的教育理念，学习并掌握专业的工程知识。第三，将社会中一些工程基础好的工程师挖掘到教师队伍当中，可以帮助老师讲解相关的工程知识，共同培养学生工程素质。

（四）产学研结合

工程教育是社会大系统中的一个子系统，不可能孤立地自我完善，需要与多个子系统开展全方位的合作。学校要大力推进与企业、科研院所建立更加紧密的合作关系，并争取政府的支持与资助。学校要大力开展科技创新，将科技成果转化为技术产品，为社会提供服务。以服务求支持，以服务求发展。

第一，现代化高教教育管理中，必须以人才为根本、以创新为己任，建立示范性的大学生创业、就业中心，促进科技创新、人才培养、高新技术产业发展的良性互动。

第二，与生产企业签约，建立长期稳定的校外实习基地。构建有利于企业和学校共同发展的产学合作运行机制。适当增长实习时间，强化实习效果，将学生企业实习、毕业设计与企业生产、科研项目、工程项目有机结合。德国是一个工业非常强大的国家，在他们的工程教育里就包含了企业实习模块，是其中非常重要的组成部分。可以分为三个过程：预实习、基础实习和专业实习。预实习和基础实习要求较为简单，主要是了解并掌握工程方面的基础技能，真实体验企业中的工作环境；专业实习阶段，学生在企业中接受准工程师的专业训练。并且，德国企业乐意提供学生实习的机会，一方面可以聘用廉价的工作人员，另一方面还可通过学生实习宣传企业，甚至招聘优秀的毕业生。

第三，“二元制”培养模式。高校将工程教育与企业职业培训相结合、与企业工作相结合，校企密切合作，强化学生实践能力，共同完成人才培养的任务。美国《行动报告》强调：学生既是接受工程教育的“顾客”，又是其输出的“产品”。既然是“顾客”，工程教育就应当以学生为中心；因为是“产品”，工程教育又必须面向产业界的需要。企业是使用各类人才，使产品和服务在国际市场上具有竞争能力并向学校提出新需求的主要机构，高等工程教育的目标就是为企业培养合格的工程技术人才。学校必须密切联系企业，根据社会需求，及时调整专业结构和课程体系，缩短学生就业后的企业培训时间，发展社会急需和具有前瞻性的专业。

（五）建立学生科技创新平台，创新实验室

学校要为学生科技创新活动提供平台，让学生有了创新冲动以后能够有机会去尝试，无论是成功还是失败，都是一个很好的锻炼过程。主要从以下几个方面努力：第一，为学生开展科技创新活动提供一个很好的平台。2003年以来，多数学生都已从中受益。建立国家、省、校三级大学生创新训练体系，资助经费由几千元到几万元不等。第二，建立创新性实验室。改变传统的以知识传授为主的实验教学方法，倡导以学生为中心，因材施教，发挥学生个性。让学生自己设计创新性实验项目，自主安排实验时间，鼓励学生按照自己的实验方案做多样化的尝试。第三，积极组织学生参加学科竞赛。认真组织好比赛前指导、培训工作对培养学生创新能力具有非常重要的作用。

（六）加强国际化教育

加强人才培养过程中的国际交流与合作，与世界一些著名大学、研究机构及大型企业建立稳定的双边交流与合作关系，广泛开展学术交流、科技合作。建立国际化企业实习基地，甚至将学生送到国外，参与国外公司的实习，培养学生在国际环境中工作的基础和知识。促进“985工程”平台实验室为本科生服务，平台国际首席专家指导本科生开展创新活动等。注重邀请国际著名学者和企业家来学校讲学，同时还要吸引国外高水平的科技人员参与到实验室工作。

## 三、建立现代高水平的工程教育基地

工程训练基地是高校培养学生工程素质和创新能力的重要基地。通过工程训练基地可以增加学生实践经验，通过一些工程训练，帮助学生学习现代工业中的生产方式和工艺流程的基本知识，得到工艺技术和生产管理的基本训练，通过多方面训练帮助高校学生建立起基本的市场、信息、质量、成本、效益、安全、环保等大工程意识。香港理工大学早在1976年就创建了工业中心，采用“教学工厂”模式，提供门类齐全、内容广泛的培训课程让学生在模拟的工业环境中接受多元化的工业培训。从机械到电子、电机，从材料成型到建筑，从制造工程到计算机辅助设计、管理运筹等，以20多个车间配合多个专业，提供多方面的选择，满足各种需要，各学科视其特点及办学宗旨从中选择，以造就未来的工程师。大学毕业生可以进行跨专业的培训实习，通过这种方式可以提高毕业生的工作信心，提供有效的跨专业的工业培训可以帮助学生获得更多工程实践经验，增强个人的动手能力。香港理工大学工业中心已经成为国内高校工程训练教学基地建设的模板。清华大学、东南大学等著名高校都非常重视工程训练基地的建设。

为呼应我国“建设创新型国家”、走新型工业化发展道路的需要，学校必须建立高水平的工程教育基地。以大工程理念为背景，以先进性、综合性、开放性为特点，以培养工程实践能力、工程素质与创新能力为核心，机械、电子、控制、环境、信息、管理等多学科交叉融合，组建多层次（认识训练、基本训练、职业技能训练、综合创新训练）、多模块、柔性化的工程实践教学体系，创建一个集机电工程技术训练、电工电子技术训练、建筑环境工程训练、科技创新制作与综合工程训练、工业环境模拟训练以及对外服务与培训等多功能于一体，教学、生产、科研和对外技术服务相结合的国内一流工程教育基地。随着全面推进学分制改革，学校不断加强工程教育，无论是理工类专业学生，还是人文社科类专业学生，都要求有一定的工程训练或工程意识的培养。这也对高水平现代工程训练基地的建设提出了更高的要求。

## 第三节 实验教学及其条件建设

### 一、实验教学

#### （一）实验教学概况

高校实验教学内容主要包括基础课实验、专业基础课（技术基础课）实验、专业课实验三部分。基础课实验教学主要包括大学物理实验、普通化学实验、电工学实验、基础力学实验、材料实验、电子学实验等，主要教学任务是巩固和加深对学生所学各类常识、知识和规律的理解，准确把握它们在实际学习、工作和生活中的应用，掌握基本的实验方法与技能，为提高学生的观察、分析及解决问题的能力提供知识储备。专业基础课实验教学是在基础实验教学的基础上，按不同学科要求所设置的大类专业基础课程的必要补充部分，是对专业基础知识的必要巩固。专业课实验教学是在基础课、专业基础课程实验教学的基础上，针对某一理论课程的具体学习要求设计的实验教学内容，对于学生专业方向能力的提高具有极强的促进作用。从课程来讲，实验教学的课程有以下2类。

第一，依附理论课程开设的课程实验，例如“自动控制原理”课程，包含有理论讲授与实验两部分，后者包含典型环节及其阶跃响应、二阶系统阶跃响应、系统稳定性分析等实验项目。课程实验项目从性质来说可以分为四类：演示性、综合性、设计性、研究创新性实验。演示性实验是指对某一科学原理、概念、现象进行验证的实验。综合性实验是指实验内容涉及本课程的综合知识或与本课程知识相关的实验；设计性实验是指给定实验目的要求和实验条件，由学生自行设计实验方案并加以实现的实验；研究创新性实验是指由学生根据所学知识及兴趣爱好，自己提出实验目的、实验方案，在实验室自己创造实验条件并完成的探索性实验。

第二，独立实验课程，是独立于理论课程以外的单独开设的课程。例如，湖南大学开设的2500余门课程中，独立实验课程有32门，见下表。

独立开设实验课程基本情况

| 学院 | 独立实验名称 | 数量 |
| --- | --- | --- |
| 化工学院 | 基础操作化学实验、基础物理化学实验、化学工程基础实验、基础有机化学实验、基础分析化学实验、综合化学实验、化学专业实验、化工原理实验、应化专业综合实验、基础化学实验、生物医学影像与图像处理实验、普通化学实验 | 12 |
| 生物学院 | 生物化学实验、解剖生理学实验、分子生物学实验、组织工程学实验、生物信息学实验、细胞生物学实验、遗传学实验 | 7 |
| 信息学院 | 密码学及应用实验、计算机组成与结构实验、保密技术实验、通信原理实验、人工智能基础实验、无线传感网络实验 | 6 |
| 电气学院 | 微机原理及应用实验、电子（模拟、数字）实验、电路实验、电工电子实验 | 4 |
| 物理学院 | 普通物理实验、物理实验 | 2 |
| 机械学院 | 力学实验 | 1 |

（二）目前高校实验教学存在的问题

由于长期受到“重理论、轻实验，重知识、轻能力”观念影响，高校实验教学并未得到应有的重视。实验教学大部分是依附理论课程开设，是培养学生动手能力、实验能力、创新能力的重要途径之一，对人才培养具有重要的作用，但目前高校实验教学依然存在一些问题。

1.“重理论、轻实验”观念，高校中普遍存在

教育部文件中强调实验环节在人才培养方案中必须占有一定的比例，但是并没有明确实验环节必须占多少。因此学校在制订本科专业培养方案和教学计划的过程中，过多地关注和强调理论课程，忽视隐含在理论课程中的课程实验。正是因为实验环节不受重视，教育部在文件中明确对实验环节特别要求。无论是老师还是学生，普遍重视理论课程，轻视实验课程。例如，大部分理论课授课教师不指导实验，由实验技术人员指导，不关心学生实验完成情况。大部分学生认为学好课程实验没有单独的学分，

并且容易通过，不需要花太多的精力，采取应付的态度。实验教学地位偏低，存在的困难和问题难以得到应有的重视和扶持。有关实验教学质量管理“边缘化”，质量评价与监控体系不健全。学校奖励措施更多倾向于课堂理论教学，例如“教学名师”和“优秀教学研究成果奖”、教学比赛等。针对实验教学，特别是操作技能训练的教学成果奖励和专项奖励则寥寥无几。

2. 实验条件资源紧张，难以满足教学需求

由于课程实验受到实验场地、设备、师资等条件的制约，即使课程教学大纲中安排的实验项目也有可能难以开出。高等教育大众化虽然为更多的学生提供了上大学学习的机会，但是也带来了许多问题，其中较为突出的是实验教学被削弱。高校扩招，学生规模剧增。但是我国高校所容纳的学生就学空间非常有限，积累多年的办学资源存量被占用，高校普遍出现生均实验室面积以及生均使用实验设备量严重不足、学生实验教学大为缩水的现象。实验教学资源缺乏，实验教学被削弱，有的采取裁减、模拟、多媒体演示、仿真、以讲代练，甚至停开。由于得不到足够的训练，学生的实验操作技能目前普遍下降。

3. 验证性实验多，“三性”实验少

传统的验证性实验内容一般比较单一，通常限于验证某一定律、某一结论或单一的基本操作、基本训练。大部分课程实验基本以验证性实验为主，“三性”实验比重偏少。“三性”实验有各自的内涵与特征，从教育思想、教学方法到对学生的训练、培养诸方面与传统的验证性实验有着本质的差异。“三性”实验主要培养学生综合运用所学知识、实际动手操作的能力，提升学生实验能力、创新精神和创新能力。“三性”实验偏少，必然导致学生创新能力难以提升，人才目标难以实现。

4. 实验教师队伍落后，“三低”现象比较严重

当前高校实验教师队伍中普遍存在“三低”现象：具有高级职称人员比例低、学历层次偏低、待遇偏低。根据范姣莲教授对北京22所理工类高校实验教师队伍情况的调查，具有高级职称的专职实验人员约占27%（全国高校这个比例为13.5%）。[1]由于没有建立实验教师准入制度，有的学校还将引进人才的配偶、其他岗位分流的人员安排到实验教师队伍中，把实验教学岗位变成可以接收各类人员的岗位。新增实验教师对学历要求也普遍低于新增理论课教师。实验技术岗位人员与教学科研岗位人员的工资

[1] 范姣莲. 北京市理工类院校实验教师队伍建设与发展研究. 现代教育技术，2013（9）：62-66.

待遇、职称晋升差异明显，实验队伍中难以留住优秀人才。实验教师队伍建设缺乏长远规划、结构不合理、力量薄弱。尤其是研究型大学，理论课教师的科研任务重，主要精力放在科研上，不愿意指导实验教学；实验教师教学任务重，没有精力开展科研工作，职称难以晋升，个人难以发展提升。人为地把理论课教师与实验课教师分开，实验教师岗位发展机制设计又不完善，难以引进既有实验经验又有理论水平的教师。

（三）加强实验教学的举措

如何解决目前实验教学面临的困境，是高校深化教学改革过程中必须重点考虑的问题。要进一步从思想上提高对于实验教学的认识，采取切实可行的措施，将实验环节提升到与理论教学并重的地位。要从实验教学内容、质量保障、运行保障等方面进行统筹考虑。要结合学校的长远发展战略，建立创新型实验教学体系。

实验教学包括课程实验、实验课程、课程设计、社会实验、各类实习、毕业设计等环节，涉及人才培养的全过程。实验教学要跟随科技与社会的快速发展，及时更新实验教学内容显得尤为重要。

1. 加强实验教师队伍建设

有一支高水平的实验教师队伍是确保实验教学质量的关键，要采取多种措施改善实验教师队伍“三低”现象。一是要转变观念，高度重视实验教学与教师队伍建设，认同实验教师也是“教师”的一部分，与理论课教师同等对待。明确实验教师岗位类型、岗位职责，设计好实验教师生涯发展与晋升的渠道。二是引入竞争机制，制订详细的实验教师人才引进计划，制定实验教师的准入门槛，改善教师队伍学历结构和职称结构。面向社会引进一批优秀人才充实到实验教师队伍。三是以教师为本，完善激励机制，确保实验教师队伍相对稳定。高校实验教师属于知识型员工，不仅需要物质待遇的激励手段，更需要以精神激励和自我价值的实现为主要激励手段。通过经济激励、成就激励、情感激励，调动和发挥广大教师队伍的积极性和创造性，引导实验教师队伍去实现预定的目标。[1]四是注重实验老师的业务培训与素质提升。实验教师不仅要熟练掌握实验操作技能，还要对涉及的理论知识有较深的认识，对相关学科的前沿发展有一定的了解和掌握。通过业务培训与素质提升，可进一步提升实验教师的整体水平。要鼓励教师参与各类科研项目，只有通过长期参加科研项目，才能确保教师本身应有的实践能力和科研能力，才能将新技术与新知识引入到实验教

[1] 范姣莲. 北京市理工类院校实验教师队伍建设与发展研究. 现代教育技术，2013（9）：62-66.

学中，才能更好地指导学生实验。五是要鼓励高水平师资投入到实验教学中来，吸引高层次人才充实到实验教师队伍，以“引进来”的方式聘请资深的研发人员担任实验兼职教师，指导学生实验。

2. 加大投入，提高优质资源利用率

一般来说，实验场地和设备分布是在学科专业的建设和发展的基础上自然形成的，没有一个长远的建设规划。要加大包括场地和设备材料两大部分的投入，引进先进的设备。同时，还要做好基础性的调研工作，对于各个实验场地、设备的实际利用情况要有一个全面的了解，不断提高优质资源的利用率。按集中和面上实验项目分别建设。在每个年度的实验设备投入时，应按照项目性质分开考虑，避免撒胡椒面的状况。对于以实验室设备更新为主的项目应着重考察原有设备的利用情况，确认是否必须予以更新；对于新建实验项目，应着重考察项目受益面，项目设立是否符合教学改革的总体方向，在校内是否有同类型实验室和相近设备等；对投资规模较大的项目，还应专题调研、召开听证会等形式进行论证。

（四）建立实验教学质量保障体系

目前各高校教学质量监控与评价主要精力在理论教学方面，忽略了对实验教学的监控与评价，实验教学质量得不到保障。但事实上，实验教学环节对人才的培养质量影响是非常关键的，要实现培养高质量人才的目标，必须创新实验教学质量保障体系。

1. 建立和完善实验教学质量保障体系的长效机制

实验教学质量保障的长效机制是一项系统工程，主要包括三个层面的内容。一是文化层面，形成一种内化到教师内心的质量共识，一种自觉自律的行为。二是制度层面，构建科学、合理、规范的实验教学管理规章制度。三是操作层面，在实验教学过程中采取相应的手段与方法，确保实验教学相关制度得到落实。

2. 完善实验教学管理的规章制度

首先要明确各个实验教学环节的质量标准和操作规则，为质量保障机制的运行提供较为完备的判定标准和衡量尺度，促进教学管理的规范化、制度化。其次是形成实验教学质量齐抓共管、多方参与的局面，使全体师生都成为实验教学质量监控与评价工作的组成部分。再次是加强对管理制度执行情况的监控。

3. 加强实验教学质量监控，形成科学合理的评价机制

首先，学校要建立对院系级实验教学工作的定期评估制度，评估结果要与院系目标管理挂钩；其次，对影响实验教学质量的关键环节要通过定期抽查、评审或评估等方式进行把关。再次，积极开展形式多样、信息

反馈渠道畅通的实验教学评价，实现评价方式的科学化、现代化。最后，积极开展实验教学质量的预警机制研究。为此，学校应针对不同的实验环节明确要求，制定客观标准，并定期分析，对其发展趋势、存在的问题影响、解决问题的对策等提出意见。

## 二、条件建设

（一）校内实验教学体系建设框架设计

高校实验教学体系与培养方案课程结构紧密结合，建立“四级四层两大块”体系框架，如图6-3所示。四级四层是：校级通识教育层、院级学科教育层（以学科门类划分）、系级专业教育层（专业核心课程群）、学术小组（所、室、导师）发展教育层（与研究生培养对接）。两大块是：面向通识教育与学科教育的实验体系，由学校统筹；面向专业与专业方向教育的实验体系，由学院负责。校级公共实验实践中心框图如图6-4所示。

课程
实践
考研室级
系级
院级
校级
发展教育层
专业教育层
学科教育层
通识教育层
面向专业与专业方向
面向通识与学科教育

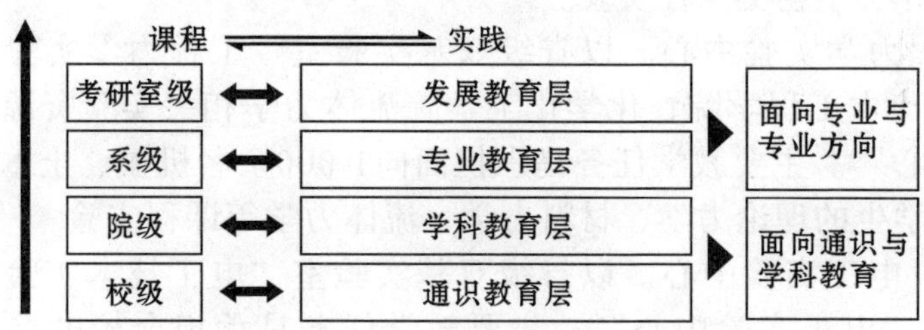

图6-3　四层四级两大块实验教学体系框图

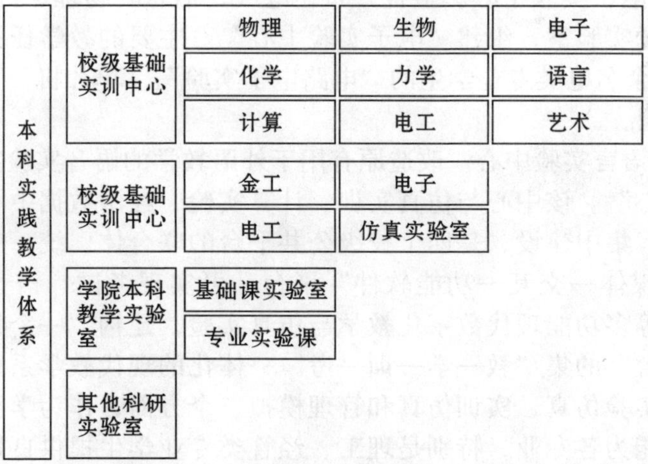

本科实践教学体系
校级基础实训中心
物理
生物
电子
化学
力学
语言
计算
电工
艺术
校级基础实训中心
金工
电子
电工
仿真实验室
学院本科教学实验室
基础课实验室
专业实验课
其他科研实验室

图6-4　校级公共实验实践中心框图

1. 校级公共平台

校级公共平台包括9大公共基础实验中心和4大公共基础实训中心，其中计算实验中心、语言实训中心、仿真（数据）实训中心集中统一建设与管理。

（1）物理实验中心。以省级基础示范实验室“大学物理实验中心”为基础，整合“大学物理演示实验室”，建成新的“物理实验中心”。主要教学任务是承担面向全校3 000余名理工类学生的《普通物理实验》课程教学。

（2）化学实验中心。以国家级实验教学示范中心“基础化学实验中心”为基础，整合化学相关技术基础课实验，建成“化学实验中心”。主要教学任务是承担面向全校1 000余名理工类学生的《普通化学实验》课程，材料类、环境类、生物类等专业的相关化学类课程实验。

（3）生物实验中心。以生物学院本科教学实验室为基础，建设面向全校的生物实验中心。主要教学任务是承担生物、化学、环境、材料、给排水等专业相关生物类课程实验。

（4）力学实验中心。以省级双基实验室“工程力学实验中心”为基础，整合土木工程学院、化学化工学院流体力学相关实验资源，组建“力学实验中心”。主要教学任务是承担面向1 000余名机械、土木、化工、环境类专业学生的理论力学、材料力学、流体力学等课程实验。

（5）电工实验中心。以省级双基实验室“电工技术实验中心”为基础，建设“电工实验中心”。主要教学任务是承担全校电类专业电工技术、电路、电工学实验，以及2 000余名非电类专业学生的电工学实验。

（6）电子实验中心。整合分布在电气、信息、物理、机械、材料5个学院的电子实验室，组建“电子实验中心”。主要的教学任务是承担面向全校1 000余名电类专业学生的“电路电子实验”“单片机”“微机原理”等课程实验。

（7）语言实验中心。改造原有用于外语教学的语音实验室，新建“语言实验中心”。该中心与仿真实训、计算实验、经济数据中心有机结合，统一规划，集中建设，是四个校级公共平台的联合体。统一的“计算机—网络—多媒体—交互—功能软件”平台，可实现考试、语音、写作、编程、仿真等多功能现代数字化教学与仿真实验，建构“一个物理平台，多个逻辑平台”的集“教—学—训—考”一体化的现代教学系统。仿真实验中心包括实验仿真、实训仿真和管理模拟三个方面，作为学校公共教学服务平台，能为各专业，特别是理工、经管类专业学生提供良好的实验仿真环境。对加强学生实践能力、创新精神和创新能力培养具有重要作用。主要教学任务有以下几类：一是全校学生外语教学语音、听力训练；二是非电类专业学生的计算机基础实验；三是中文、英文写作实训；四是面向人文与社会科学类专业相关课程实验教学；五是其他通过计算机操作的相关课程实验及仿真实训。

（8）艺术实验中心。以国家级实验教学示范中心“艺术与设计实验教学中心”为基础，整合设计艺术、新闻与影视、建筑、信息科学与工程等学院相关资源，建立“艺术实验中心”。

（9）校级基础实训中心。全面整合原有工程训练中心、省基础课示范实验室“电工电子基础实验中心”、北校区经济管理数据中心资源，建立相对独立的学校二级教学单位现代工程训练中心。在此基础上，按照准工厂、实车间模式，建成国内一流的校级基础实训中心。该中心包括金工、电工、电子、仿真（数据）四大实训中心，主要教学任务是针对不同专业开设合适的工程实训课程。工学类专业，以金工、电工、电子实训为主；其他类专业，以工程认识或电工、电子实训为主。对于机械类、电气类等专业有特殊要求的，另外开设实训项目。仿真（数据）中心与语言实验中心有机结合。

2. 学院教学实验室

学院教学实验室包括两类：一是“双基”实验室，承担技术基础课程、专业基础课实验教学任务，按照双基实验室评估标准进行建设，确保实验教学质量。二是专业实验室，面向专业与专业方向教育，统筹学科、专业、方向与特色各层面的协调发展，建设成为满足教学、科研需要，适应高水平本、硕、博学生培养，具有鲜明专业特色的实验教学体系。加强高校之间、学校与研究院所以及各国际知名公司之间的合作，建立校企联合实验室。通过3～5年努力，建设20个一流的专业课程群教学实验中心。专业实验室建设基本要点如下：

（1）学院牵头负责建设。

（2）面向专业或专业课程群。

（3）系、教研室与实验室有机结合。

（4）实验教学任务由相应课程的专业教师承担。

（5）实验室能容纳本专业学生做毕业设计。

（6）与研究生培养“无缝对接”，与科研实验室有机结合。

3. 其他科研实验室

其他科研实验室包括国家、省部级各类重点实验室、工程技术研究中心，以及学校主要用于科研的各类实验室。建立科研实验室资源向本科教学开放制度，一方面促进实验资源的使用率，另一方面推动科研促进教学，提高人才培养质量。采取积极有效措施，尽量做到时间、空间、形式、内容、对象等多方位的开放，吸引本科生到科研实验室开展科学研究工作。

（二）高校实验教学体系建设目标与原则

1. 建设目标

紧密围绕学校建设国际知名高水平研究型大学的战略目标，以学生基本技能及创新能力培养为核心，统筹通识、学科、专业、方向等层面的协调发展，构建满足高水平人才培养、科学研究需要，具有鲜明专业特色的实验教学体系。

（1）通过3～5年建设，将高校部分实践教学体系建设成为国内一流、国际先进的教学、科研、社会技术服务的基地。

（2）适应现代科技发展及现代工业设计方式的改变，形成6～10个学生创新活动中心。

（3）确保实验课的开出率达到本科教学优秀评估标准，并能开出一系列新的综合性、设计性、创新性实验。

（4）建设实验教师、实验技师、实验室管理三支队伍。

（5）进一步开放实验室，使实验室开放率达到80%以上。

（6）推进实验教学改革，把实验教学内容、课程体系、教学方法、考核评价综合改革，提高本科教学质量。

2. 建设原则

高校实验教学体系建设的原则有以下几点：

（1）科学规划。要统筹考虑资金、场地、搬迁、改造、教学需求等各种可行性因素，妥善处理好学校与学院、学科与专业、教学与科研、硬件建设与机制建设、队伍建设、课程建设等之间的关系，高起点、高水准、有特色的科学规划实践教学体系建设。

（2）效能优先。要明确实验室的功能定位，在功能设计上要突出满足培养拔尖创新人才的服务功能，同时覆盖科学研究和社会服务相关功能。做到规模与效能、基础与创新、管理与服务等有机结合。

（3）资源共享。要优化资源配置，充分利用和盘活现有实践教学资源；要提高设备使用效益，推进实验设施特别是大型精密仪器设备的开放共享；要加强基础实验中心、工程实训中心、专业实验室以及本科生实验室、研究生实验室之间的衔接，避免多头投入、重复建设。

（4）持续发展。要紧密围绕学校建设国际知名高水平研究型大学的战略目标，立足当前，放眼长远，在扩展实践教学内容、改进实践教学方法、延伸实验室功能等方面，提前谋划、提前部署，为实验室建设的长远发展和可持续发展奠定基础。

（5）分步实施。要从学校财务、基建等方面的实际能力出发，从最迫切的实践教学需求出发，既不能裹足不前，也不能急于求成。要分清轻重缓急，列出实施计划，有序开展基础设施建设、场地搬迁、设备购置、投入使用等工作，分步实施，整体推进，确保各项任务顺利完成。

### （三）校级公共平台管理模式

校内实验教学公共平台管理模式主要有三种：独立运行管理、挂靠学院管理、校院共同管理。

设计好实验教学公共平台管理模式，是确保其充分发挥作用的根本。根据各类平台的特点与学科差异，可以按三种模式进行管理。

#### 1. 独立运行模式

成立校级实验中心的公共平台，独立于学院，统筹相关实验教学。例如现代工程训练中心，统筹金工、电工、电子实训中心。将原来分别由机械类学院、电气类学院管理的公共平台整合，确保场地、经费、设备、人员全部用于本科教学。

#### 2. 委托管理模式

将校级公共平台委托相关学院管理，与学院相关学科发展、实验场地规划、师资队伍建设有机结合。例如，生物实验中心、化学实验中心，可以分别委托生物学院、化学化工学院管理。由于学科特点，涉及危险、排污等，独立于学院另建立公共平台中心，将增加管理、场地、师资等各方面的成本，并且独立相关学科外，师资队伍、实验教学效果肯定会受到影响。

#### 3. 共同管理模式

将部分公共实验中心空间上整合，管理上由学校公共平台与相关学院共同管理。依照“统筹规划、分工负责、资源整合、开放共享”的原则，建立共同管理机制。公共平台对实验中心的场地、资产、经费、发展规划以及日常教学组织等进行统一管理，学院负责实验教学方案、教学大纲、师资队伍等工作。明确各自的职责，建立完善相关规章制度，是此种模式下的重点。一要建立联席会议制度。定期召开公共平台与相关实验中心的负责人及相关人员的联席会议，讨论决定涉及本科实验中心及各分中心战略、规划、建设、经费等重大问题；沟通与交流中心建设与运行过程中的经验、信息与问题，以促进与提升中心的管理水平与服务效率。二要建立专家制度。在实验中心的建设、运行与评估过程中，要发挥专家的作用，对于专业性比较强的工作要运用专家的力量进行专业评估与决策。三要建立分工负责制度。本科实验中心实行整体统管、业务分管的管理办法，对战略、规划、建设、场地、资产、经费等进行统一管理。对于直接管理的分中心，本科实验中心负责其人员管理、日常运行及教学组织等；对于位于工训中心园区的分中心，其物业、安保纳入直接管理范畴，人员管理、日常运行及教学组织等由相关学院负责。

（四）实习教学面临的困难

1. 市场经济条件下建立校外实习基地难度大

随着计划经济向市场经济的转变，高等教育进入大众化阶段，大学实习教学面临最大的困难就是难以建立相对稳定的校外实习教学基地，有的专业甚至没有校外基地，实习教学流于形式。主要有以下几个方面的影响：一是企业转型后，全靠自身去适应市场体制，以经济建设为中心，生产任务重，经济活动频繁，没有为大学生提供实践训练的行政指令。二是企业与企业之间商业竞争激烈，企业都有自己的商业机密，在现代信息技术无处不在的环境下，企业担心核心商业生产改进流程、改进技术或其他市场机密被泄漏。三是大学扩招后，企业能够提供的实习教学岗位远远满足不了学校实习的需求。例如，有的专业一年招生300人，基本上没有一个公司愿意承担如此大量的学生实习，因此必须分散到多个企业完成实习教学。四是企业现代化、自动化程度高，企业生产流程运行过程标准化，学生难以做到顶岗实习。学生在企业实习主要是参观了解，没有动手的机会，不能给企业带来效益，是企业的一个负担。五是企业担心学生实习过程中出安全事故。

2. 注重科研考核机制，实习教学指导教师力量薄弱

当前高校，特别是研究型大学对教师的考核、职称评定，主要是以科研成果衡量。大部分教师忙于自己的科研项目，没有足够的精力关注教学。教师是否指导实习教学，对其本身没有什么影响，绝大部分教师尤其是具有教授职称的教师，不愿意承担实习教学任务。导致实习教学带队指导教师一般为年经教师或者科研能力一般的教师，甚至有的专业由辅导员带队指导。另一方面，安排的指导教师，大部分教师从学校毕业留校任教，缺乏企业工作经验，对企业生产流程、工艺要求没有足够的体会与经验，难以有效指导实习。目前实习的普遍模式是将全体学生在规定的生产实习期间统一安排在一个企业进行。在实习期间，一般由企业专门安排人员带领学生进行集中参观、学习，实习单位为了协调方便，自主安排实习项目，学生和带队教师只有被动接受实习单位的安排。企业安排的指导人员本身工作任务重，没有足够的时间和精力投入指导学生实习。学校与企业指导教师协调配合少。实习的单位要求学生遵循“动口不动手”的原则，所以在实习中学生很难对实际设备进行操作，实际动手机会少，生产

实习逐渐发展为参观实习。

3. 物价上涨幅度大，实习经费难以满足需求

在计划经济时代，企业有接收大学生实习的任务，在住宿、餐饮等方面加强条件建设。学生实习时可以在企业提供的宿舍住宿，在企业食堂就餐。相应所需要经费相对也较少。特别是高校在相应行业内的企业实习，学生毕业后分配到企业工作，条件好的企业还可以给予学生一定的实习补贴。进入市场经济时代后，物价上涨速度快，特别是新世纪以来，物价大幅上涨，并且各地差异明显。学生交通、住宿、餐饮随之上涨，学校尽管增加实习经费的投入，但是仍然跟不上物价上涨的速度，无法满足学生实习的需求。例如，到上海、广州、深圳等沿海大城市实习所需经费，远远高于到中部地区城市实习。企业距离高校的远近不同，所需交通费差别也大。

由于经费原因，导致实习教学缩水，质量与效果得不到保证，主要存在以下几种情况：一是就近选择省内或市内企业作为实习教学单位，企业性质与规模受到限制，难以达到教学所需。二是压缩实习教学内容。认识实习、生产实习，毕业实习都安排成了认识实习，主要是参观，动手实践的机会少。有的专业将三大实习集中到最后一个毕业实习，前面没有认识实习和生产实习；有的专业甚至毕业实习也难以保证，由学生自己找企业分散进行，流于形式。三是压缩实习教学时间。为了节省经费，将集中实习的时间进行压缩，由原来的两个月压到一个月，四周压到两周，两周压到一周的情况普遍存在。

4. 校外实习管理难度大，学生安全存在隐患

大规模学生到校外实习，学生有一种好奇、脱离学校、不受约束的感觉。学校一般安排1个或几个指导老师带队，负责学校校外实习期间的学生管理工作，必然存在管理真空环节，学生安全存在隐患。在生产企业实习过程中容易发生安全生产事故，如何保证学生不出安全生产事故是企业最担忧的问题，很多企业不愿意接收实习学生的主要原因就是存在安全隐患。

（五）加强校外实践基地建设的思考

1. 高度认识校外实习与校外实习基地建设的重要性

三大实习是指认识实习、生产实习和毕业实习。三大实习之间有着互相补充，依次渐进的关系。以土木工程专业为例，三大实习的主要目的与作用如下：

（1）认识实习主要是指生产实习和毕业实习前的了解和学习。培养学生对土木工程专业理论知识的感性认识，了解土木建筑（房屋建筑、道路与桥梁等）的基本结构和组成，对施工现场有一定了解，了解施工工艺，

培养学生观察、处理实际问题的能力；建立工程意识，激发学生对土木工程专业后续课程的学习兴趣，为学习专业基础课和专业课奠定感性认识的基础；让学生了解本专业建设与发展情况，了解社会对本专业人才的要求。通常安排在第三或第四学期期末，实习时间1～2周。

（2）生产实习是学生深入生产实际参加施工技术组织、施工管理及技术经济等方面的实际工作，使学生对一般工业与民用建筑，一般道路工程、桥梁工程的整个基本建设程序和内容有一个清楚的认识。进一步巩固、加强和扩大所学的理论知识，培养学生的专业素质和社会责任感以及运用所学理论知识解决生产实际问题的能力，加深实际工程的感性认识，为今后工作打下基础。生产实习通常安排在第六学期期末，时间一般5～6周。

（3）毕业实习是使学生进一步熟悉土木工程建筑的整个施工过程。结合学生毕业设计选题，有针对性地参观工程实例，为毕业设计的构思及实际运用理论知识提供基础。通过实习，使学生开阔视野，为毕业设计及毕业后尽快适应所从事的工作奠定基础。通常安排在第八学期期初，时间一般2～4周。

根据以上的叙述，可以对三种实习做一个简单的总结：认识实习是感性认识，是基础；生产实习是实际操作，是理论知识的深化；毕业实习是提高，是理论知识与生产实际相结合的具体应用。因此三大实习是循序渐进的过程。

要实现三大实习的教学目标，必须有稳定的校外实习基地。没有基地，实习就成为一种形式，无法保证人才培养的质量。在企业不愿意接收学生实习的现状下，很多高校通过建立校内实习基地来解决。这是一种加强实习教学的有效方式与手段。但是校内实习基地毕竟没有生产任务，与场地联系不紧，不能真实反映企业实际情况，与真实企业相比差距较大。因此，绝不能用校内实习替代校外实习。高校要克服困难，采取积极有效的措施，加强校外实习基地建设。每个专业至少有1个稳定的校外实习基地，招生规模大的专业，应当有3～4个或更多。

2. 充分利用社会资源，建立校外实习基地

建设校外实习基地可以借助的资源如下：

（1）要充分挖掘校企合作研发的企业资源。学校给予企业科研技术支持的同时，企业为学校人才培养提供实习基地，接收学生实习。学生通过实习锻炼，毕业后又可进入企业工作，成为企业的后备骨干力量，形成良性的可持续发展的产学研合作基地。

（2）要充分挖掘校友资源，校友创办的企业，或是校友担任总工程师

和领导的企业，通过校友的支持与牵线介绍，使其成为学校稳定的实习基地。这是大部分高校实习基地建立的途径。特别是校友创办的大型企业，作为校外实习基地具有明显优势。一是校友乐意为母校贡献力量，不考虑经济效益，能为学生提供良好的实习环境，创造实践动手的机会。二是能够比较大规模地接收学生实习，有的企业还能给予学生一定的实习补贴。

（3）要采取各种措施，通过教师资源，拓展校外实习基地。为了满足人才培养需要，应当尽一切可能，通过教师拓展校外实习基地。学校给予教师专门的实习基地，调研交流经费，积极开拓新的实习基地。在校外实习基地建设过程中应当考虑以下方面的因素：一是企业要与专业对称，在企业能够完成实习教学大纲规定的任务，达到实习教学目标。二是尽可能选择规模较大、经济效益好、管理规范的一流企业。三是要面向全国选择优秀企业作为校外实习基地，不能局限于省内、市内的企业。培养的人才要“面向世界、面向未来、面向现代化”，校外实习基地的选择要有开阔的视野，不能受到地域的限制，就近选择一个企业应付。

3. 加强校企合作，注重校外实习教学指导教师队伍建设

在加强建立校外实习基地的同时，要注重实习教学指导教师队伍建设，探索建立校企联合指导学生实习教学的有效模式。既要在企业内遴选一批具有高级职称、工作经验丰富的高级工程师担任指导教师，又要加强校内指导教师的选择与培养。要通过制度的建立与完善，明确实习教学指导是每个教师的岗位职责之一。应当遴选具有丰富企业实践经验的教师担任校外实习指导教师，而不是选择缺乏实践经验的年轻教师来担任。同时还要有意识地培养年轻教师的企业实践经验，为今后更好地指导学生校外实习做准备。在校外实习方式上，可以发挥每个教师的作用，探索集中与分散相结合的多种形式。例如，每个教师可以带领3～5个学生，分散到不同的企业进行实习，这样教师和企业的负担都不是很重，也可以有效地指导学生实践。为了确保质量，在实习之前必须明确目标、任务与时间，实习完成后，统一进行实习汇报与成绩评价。

# 第七章
# 高校教育教学研究与评估

教育教学研究的目的是改进传统的教学思维方式，通过调动学生的积极性来提高教学质量。然而，目前高校教学研究的现状不容乐观。总结分析发现，愿意从事教学研究的老师较少，积极性不高，教学研究缺乏原创性，教学研究的成果难以推广。

## 第一节 教育教学研究的意义

教育教学研究是通过合理的方式方法，对教学领域中的一些现象进行深入研究，探索其中的规律，总结一些经验，以提高教学质量。为适应时代的变迁，教育部门鼓励多进行教育教学的研究，以增加师资力量，提高教师教育素质。

1993年，中共中央、国务院颁布的《中国教育改革和发展纪要》就明确要求："加强教育改革和发展的理论研究和试验，教师要具有教育科研的能力。"

1994年，国务院颁布《教学成果奖励条例》，目的就是鼓励教育工作者从事教育教学研究，提高教学水平和质量。

1996年，中共中央、国务院颁布的《关于深化教育改革全面推进素质教育的决定》指出，要重视和加强教育科学研究。

2001年，教育部《关于加强高等学校本科教学工作提高教学质量的若干意见》要求："教师要注重教学研究，重视教学内容和方法的改革，并通过教改研究不断提高自己的学术水平和业务水平。"

2005年，教育部《关于进一步加强高等学校本科教学工作的若干意见》要求："高等学校要通过教学改革立项等机制，鼓励教师开展教学理论研究、教学实践探索和优质教学资源开发，高等学校广大教师要积极探索教学规律，研究和改革教学内容与教学方法，不断提高教学水平。"

2012年，教育部《关于全面提高高等教育质量的若干意见》（教高[2012]4号）明确提出了高等教育要走以质量提升为核心的内涵式发展道路。确保和提升教育质量的关键在教师，尤其在于教师的教学水平，教师的教学水平与其从事的教学研究水平呈直接相关性。教学研究是促进教学质量提高的重要途径。

目前，面对经济、社会的飞速发展，国际化形势的日趋激烈，社会各行各业对人才的需求不只是停留在数量的层面，而是人才结构的变化和人才质量的提高。这就要求国家对专业设置政策要进行一定的调整，高校的专业建设要与经济、社会发展紧密结合，专业建设呈现多样化，突出优势；课程建设在办出中国特色的基础上与国际接轨，教师的授课手段和方法与现代教学信息相结合；教学质量保障与监控体系需要进行全面重构与调整。高校比以往任何时期都需要关注教育教学的研究工作，迫切需要教师深入进行教学研究，需要通过教师的教学研究活动促进教学质量的提升。高校要创出一条“有特色、有质量、有竞争力的可持续发展的道路”，全面深入地开展教育教学的研究工作。

## 第二节 高等教育教学评估的研究与转变

### 一、高等教育教学评估的研究

教学评估是评价、监督、保障和提高教学质量的重要举措，是我国高等教育质量保障体系的重要组成部分。我国组织有规模的高校教学评估活动开始于20世纪80年代。

1985年5月，我国颁布了《中共中央关于教育体制改革的决定》，明确指出：“教育管理部门要加强对高等教育的宏观指导和管理，要组织教育界、知识界和用人部门定期对高等学校的办学水平进行评估……对成绩卓越的学校给予荣誉和物质上的重点支持，办得不好的学校要整顿以至停办。”标志着我国教育评估的研究和实践进入了全面开展的阶段。

随后，国务院在《关于第七个五年计划的报告》中指出：“要加强教育事业的管理，逐步建立系统的教育评估和监督制度。”

1985年6月，原国家教委在黑龙江省牡丹江市召开全国高等工程教育评估专题研讨会，会议决定通过开展以高等工程本科教育评估为重点的研究和试点实践活动，将教育评估的普遍规律与我国国情结合起来，探索建立中国特色高等学校教育评估体系和制度，提高高等学校的办学水平、教育质量和改进政府对高等教育工作的宏观管理。

1985年11月，原国家教委颁布了《关于开展高等工程教育评估研究和试点工作的通知》，正式开展评估的试点工作。

1985~1989年，原国家教委委托原机械工业部、原信息产业部、原建设部、原煤炭工业部、北京市、上海市、黑龙江省和陕西省组织力量，在有关专业和课程教学指导委员会的配合下，在80多所高等工程学校进行了机械制造工艺与设备、供热通风与空调工程、计算机与应用三个专业和数学、物理、理论力学、材料力学四门课程的教育评估试点工作，取得了初步的经验。

1990年10月，原国家教委颁布了《普通高等学校教育评估暂行规定》，明确指出："普通高校教育评估是国家对高校进行监督的重要形式，由各级人民政府及教育行政部门组织实施。"并对我国高等教育评估的目的、作用、形式、组织和程序作了具体的要求，希望通过对普通高校进行教育评估来增强高校主动适应社会需要的能力，不断提高办学水平和教育质量，从而确立了我国高校评估制度的基本框架。这是中华人民共和国成立以来第一个关于教育评估的行政法规性专门文件，为教育评估的进一步发展提供了重要的制度保证。

1992年12月，原国家教委成立了全国高等学校设置评议委员会。该委员会作为原国家教委的咨询机构，接受国家教委的委托，组织力量对中央各部门及省、自治区、直辖市申报的普通高等学校和成人高等学校进行评议。

1996年开始启动优秀评估工作，用于100所左右本科教育历史较长、基础较好、工作水平较高的学校，主要是促进学校深化改革和办出特色。由学校自己申报进行。

1997年5月，原国家教委电化教育办公室发布《关于做好广播电视大学教学评估准备工作的通知》，并下达了一系列关于教学评估的要求和标准文件，第一次对省级广播电视大学进行教学评估。

1999年1月，《中华人民共和国高等教育法》颁布实施，规定："高等学校的办学水平、教育质量，接受教育行政部门的监督和由其组织的评估。"教育部在《关于进一步做好普通高等学校本科教学工作评价的若干意见》中指出：高等学校教学工作评价是高等教育教学建设和改革的重要组成部分，目的是加强和改善国家教育行政部门对高等学校教学工作的宏观管理与指导；推动各级教育主管部门重视和支持高等学校的教学工作；促进高等学校不断明确办学指导思想，改善办学条件，加强教学基本建设，深化教学改革，提高管理水平，逐步建立和完善自我发展、自我约束的机制，以不断提高教育质量和办学效益，更好地为社会主义现代化服务。

2001年8月，教育部发布《关于加强高等学校本科教学工作提高教学质量的若干意见》指出："各级教育行政部门要把教学质量特别是本科教学质量作为评估和衡量高等学校工作的重要依据。"高等学校要处理好新形势下规模与质量、发展与投入、教学与科研、改革与建设的关系，牢固树立人才培养的质量是高等学校生命线的观念，学校党政一把手作为质量第一责任人要亲自抓教学质量，定期召开教学工作会议，及时研究解决本科教学工作中的新情况、新问题，不断推进高等学校的观念创新、制度创新和工作创新，将本科教育质量提高到一个新的水平。

到2001年年底，教育部共对220所学校进行了本科教学工作评估。

2002年6月，教育部将原来的合格评估、优秀评估和随机评估的指标体系三类合一，发布了《普通高等学校本科教学工作水平评估方案（试行）》，作为评估普通高等学校本科教学工作水平的标准，选定21所高校于2002年下半年开始进行评估。

2003年8月，原教育部部长周济在教育部普通高校本科教学工作水平评估研讨班上宣布了正式启动五年一轮的教学评估制度，标志着高校教学评估的制度化建设迈向实质性进程。

2004年4月，为深入贯彻"巩固、深化、提高、发展"的方针，落实科学发展观，进一步加强国家对高等学校教学工作的宏观管理与指导，教育部对2002年印发的《普通高等学校本科教学工作水平评估方案（试行）》进行了全面修订，修改了主要观测点，调整了参考权重，明确了等级指标，增加了《普通高等学校基本办学条件指标合格标准》。同年10月，正式成立"教育部高等教育教学评估中心"。规定其职责为：根据教育部制定的方针、政策和评估指标体系，具体实施对高等学校、办学机构的教学和专业教学工作的评估；开展高等教育教学改革及评估工作的政策、法规和理论研究；组织有关评估的培训和对外交流等方面的工作。要求各学校按照指标体系的要求进行自评建设，运用评估工作积极推动学校的教学改革与建设工作，全面启动实施了本科教学水平评估工作。截止到2004年年底，共有116所普通高等学校接受了评估。

2005年1月，教育部发布《关于进一步加强高等学校本科教学工作的若干意见》，重申实施五年一轮的普通高等学校教学工作评估制度。五年一轮的评估制度及评估中心的成立标志着我国高等教育的教学评估工作正式走向规范化、科学化、制度化和专业化的发展阶段。

2010年国家颁布《国家中长期教育改革和发展规划纲要（2010—2020年）》，2011年10月，教育部出台了《教育部关于普通高等学校本科教学评估工作的意见》（教高〔2011〕9号）。对我国在新的历史时期实施的评估工作作出了部署。明确指出："教学评价的开展是为了促进高等学校全面贯彻党的教育方针，推进教学改革，提高人才培养质量，增强人才各方面发展的能力。通过政府的领导，使各高校积极参与到人才培养的行列当中，提高各高校的教学质量。"

2013年12月9日～13日，对华中师范大学和山东农业大学两所高校进行了审核评估。除评估专家外，首次聘请行业及用人单位的专家参与对高校的评估。2013年12月12日，教育部正式印发了《教育部关于开展普通高等学校本科教学工作审核评估的通知》（教高〔2013〕10号）文件指出："审核评估是提出来的一种新型评估模式，这种模式是在总结国内原有的评估经验和借鉴国外的先进的评估思想的基础上提出来的，真正的核心是对人才培养的评估。"

## 二、高等教育教学评估的重大转变

### （一）从水平评估、合格评估模式转变为审核评估模式

水平评估属于优选模式评估，主要考察被评估对象处于什么水平，侧重于选"优"。在新一轮评价中，最主要的还是院校评估。院校评估是从两个方面进行评估的，分别是合格评估和审核评估，合格评估是本科院校在建立以来从来没有参加过院校评估的，审核评估是已经评审过，并且通过的院校。

审核评估是在原有的基础上，借鉴国外先进的评估，再结合我国高等教育的新形势提出来的新型评估模式，其中核心的内容就是对学校人才的培养，培养学生的多样化。审核评估和其他方式的评估不同之处，是更注重考查学校的办学条件、教学质量和人才培养的力度，学校各个环节运行状况，学校有没有根据相关的指示进行教学改革，在教学改革的过程中所用到的措施以及所取得的成就。考察被评估对象是否达到了自身设定的目标，国家不设统一评估标准，审核结论不分等级，其核心是"质量"，目的是引导学校建立自律机制，加强质量保障体系的建设，强化自我改进，不断提升办学水平和教育质量，强调了学校的自主性和多样性。审核评估形成写实性报告，不分等级，周期为5年。

### （二）从对学校的整体评估转向对学科、专业与课程的评估

在第一轮高等学校本科教学工作水平评估中，评估的重点是针对院校层面的整体评估，在新一轮的评估工作中，教高〔2011〕9号文件明确指出："高等学校根据学校确定的人才培养目标，围绕教学条件、教学过程、教学效果进行评估，包括院系评估、学科专业评估、课程评估等多项内容。"可以看出，本次评估的亮点和未来评估的重要发展趋势是对学科、专业和课程的评估。目前，国家和各省市、多数学校都已经开展了学科、专业和课程评估的实践工作，形成了较好的经验和做法。

### （三）从目标评估走向状态评估

教高〔2011〕9号文件明确指出："我国高校应该建立属于自己的信

息数据库，充分利用数据库来进行分析和对比。要经常性地更新自己的数据库，经常性地分析自己在课堂中的教学质量和教学理念，可以从这两者中建立起最基本的教学状况数据库。对一些核心的教学想法和观念及时地在一定范围内向社会发布。国家建立全国高等学校本科教学基本状态数据库，充分发挥状态数据在政府监控高等教育质量、社会监督高等学校人才培养和本科教学评估工作中的重要作用。”

（四）从单一主体评估转向自我评估

教高〔2011〕9号文件明确指出，本科教学评估的基本形式之一是“自我评估”，这就要求学校建立完善的自我评估制度，通过自我的评估认识到自己哪些地方有所欠缺，然后慢慢改善。在自我评估的基础上形成本科教学年度质量报告。

（五）从质量管理转向质量保障和质量标准体系建设

本科教学工作水平评估和合格评估是以评价为核心的教学质量管理，实践证明未完全达到预期的效果，审核评估从质量管理转向了教学质量保障。《教育部关于全面提高高等教育质量的若干意见》（教高〔2012〕4号）明确指出：“建立健全符合国情的人才培养质量标准体系……会同相关部门、科研院所、行业企业，制订实施本科和高职高专专业类教学质量国家标准……”。

（六）构建教学质量监控的管理体系

在新时期，深入贯彻《国家中长期教育改革和发展规划纲要》，再造合理、完善的教学质量监控体系是全面提高教学质量的必然要求，是依法治理学校的良好体现，关系到学校发展的各个环节，是一项庞大的系统工程，也是学校改革与发展的一项艰巨任务。

高等学校教学质量的主要影响因素分硬件与软件两个方面，硬件方面主要是教学设施条件，软件方面有生源质量、教师的教学水平、学生的学习水平、校风、教学管理水平等。其中教学质量管理在学校现有办学条件下起着非常重要的作用，其重点是对教学的全过程进行有效的教学质量监控。在新形势下，采取一系列措施再造与重构教学质量监控过程管理体系并付诸实践，对于全面提高教学质量起着关键的作用。

1. 指导思想与基本原则

指导思想：坚持以教学质量为生命线和以学生为本的指导思想，重视教学各环节的教学质量，使教学质量监控与保障体系运行始终围绕高素质创新人才的培养。

目标原则：教学质量监控与保障的目的是保证完成教学任务，实现培养目标。其任务就是发现偏离于计划目标的误差，并采取有效的措施纠正偏差，从而确保教学任务与培养目标的实现。

全员性原则：教学质量离不开全体师生员工的共同努力，人人都是质量监控与保障系统中的一员，其中学生是主体，教师是主导，系（部）、教研室是基础，职能部门是核心，院系领导是保证。

系统性原则：教学质量涉及教师、学生、教学设施等多方面，同时与学院办学定位、培养目标和管理等密切相关，是一个系统共同作用的结果。由学院、职能部门、系（部）、教研室和学生班级等构成的一个多层次、纵横交叉的网络，是一个完整的教学管理系统。

全程性原则：教学质量主要是在教学实施过程中形成的，质量监控与保障系统应能对教学的全过程进行监控，要做到事先监控准备过程，事中监控实施过程，事后监控整改过程。

2. 目标与组织保障

目标：构建教学监控与保障体系，重点是建立和完善科学、合理、易于操作的评估指标体系与相应的奖惩制度。通过教学质量的动态管理，促进学院合理、高效地利用各种资源，保证教学工作的正常运行，全面提升学院教学质量。

（1）组织保障。确保教学质量保障与监控体系的正常运行，充分发挥全员性原则，建立校院两级组织机构，形成“专兼并举，主辅结合”的管理队伍，形成管理合力。

（2）制度保障。使各项教学管理工作制度化、科学化、规范化和现代化，保证教学工作有序进行与教学质量不断提高，系统地建立一套较为完整的管理规范体系，使整个教学活动有章可循、规范有序。

（3）经费保障。促进教学质量不断提高，在教学设施建设、专业建设、课程建设、师资队伍激励等方面按照建设与发展要求，给予经费支持。

3. 教学质量监控与保障体系的构成

教学质量监控与保障体系由教学质量决策、教学质量监控、教学质量实施、教学质量信息收集、教学质量信息反馈5个子系统组成。它是一个逐层向下监控、逐层向上负责的“责权合一”的质量管理系统。本科教学工作的组织、安排责任在学校及各相关学院，教学环节的设计与实施的责任在教师。

4. 教学质量监控与保障体系各子系统的功能

（1）教学质量决策系统。该系统由主管教学校长负责的教育教学建设委员会组成。通过教育教学建设委员会等组织开展教学决策活动，负责对教学工作进行宏观指导与管理，审定各教学环节的质量标准，协助协调各院（系）、职能部门按照基地的发展定位、办学理念和人才培养目标，制订本科教育教学改革与发展规划和建设计划。

（2）教学质量监控系统。该系统由学院（系）党政一把手负责的院级领导小组组成。通过制定一系列规章制度，激励广大教师开展教学工作，负责组织学院（系）教育教学建设委员会委员、教学督导专家、管理人员及学院（系）聘请的其他人员，对教学工作各个环节进行质量巡查，开展本科教学工作状态监控。实施质量评估。

（3）教学质量实施系统。该系统由教学副院长（主任）负责的教学质量保证系统组成，负责落实学院（系）教学工作的中心地位，落实授课教师教学任务，推进教学内容与课程体系改革，做好作业、课程、教材、现代化教学手段建设等工作；配合学院（系）完成对各教学环节教学工作的状态监控和质量评估。

（4）教学质量信息收集系统。该系统由院（部、系）教学副院长（主任）负责的教学质量信息收集系统组成，包括教师评学、学生评教。通过各种方式，广泛收集各级各类人员和学生对教师课堂教学效果的评价意见；对教风学风建设、教学改革的有关建议；对实践教学环节，尤其是对毕业论文（设计）的意见和建议等。汇总、处理各类意见和建议，及时反馈给相关学院、授课教师、学生班级和学生管理部门等。

（5）教学质量信息反馈系统。该系统由院（部、系）教学副院长（主任）负责反馈教学状态及质量测评结果，信息及时到位，问题、责任到人，发现问题限期整改。对于通过教学检查、质量抽查或其他渠道获取的教学信息，通过文件、报告、简报或校内媒体等方式及时发布给有关教学单位和部门，要召开教学信息反馈会，敦促教学问题尽快解决。

5. 教学质量监控的主要环节及实施要点

（1）专业建设。专业建设的主要监控点为人才培养目标，人才培养方案的制订、执行与调整，专业办学水平与特色，课程体系建设等方面。

（2）课程建设。课程建设的质量监控主要从建设目标、实施计划、课程师资梯队、特色创建、改革成效等方面进行评价。

（3）教学大纲实施。教学大纲是进行教学管理、教师组织教学的主要依据。对教学计划、教学大纲实施情况的监控主要从课程安排情况、教学计划落实情况、实验课开设情况、实践环节的落实情况、教学大纲编写、教材选用、学生考试情况等方面进行评价。

（4）课堂教学。课堂教学是教学质量的核心环节。主要从课前准备、教学过程、课外作业与辅导、成绩考评等方面实施监控，包括备课是否充分、教案是否完整、教材是否恰当；讲授是否清晰、概念是否准确、内容是否更新、重点是否突出、是否启发思维、是否因材施教；课后作业与辅导是否到位；学生课程学习成绩考核是否科学、合理等。

（5）教材质量。对教材质量的监控主要从教材水平、使用效果等方面进行评价。

（6）实践教学。实践教学监控主要考核创新科研实验平台的内容与体系改革，实践计划、执行及效果。

（7）毕业计划（论文）。毕业设计（论文）监控主要从选题性质、难度、分量，开题、中期、答辩、综合训练度、指导教师资格与水平及精力投入，学生学习态度、实际能力、计划（论文）质量、规范度、基础理论与专业知识、学术水平等方面进行评价。

（8）教学效果。教学效果监控主要从讲授质量、教学方法运用、教学手段的使用，教书育人、因材施教情况，学生学习课程知识的情况，考核试题与评阅质量等方面进行过程监测和事后评价。

（9）教学改革。一方面着重于教学管理、教学内容与课程体系、人才培养模式、实践教学、文化素质教育等方面的改革成效；另一方面侧重于教学内容的改革、教学方法与手段的创新、多媒体课件的开发，以及争取教改项目的积极性、推出教研成果、编写并出版高质量的教材或教学参考书等方面。

（七）高等学校教学评估对质量保障与监控的考察

1. 本科教学工作水平评估考察要点

本科教学工作水平评估对质量监控的考察包括3个主要观测点，分别从教学规章制度的建设与执行、各主要教学环节的质量标准和教学质量监控三个方面进行考察，质量监控为重要指标。对质量监控考核的总权重为1，其中教学规章制度的建设与执行、各主要教学环节的质量标准的考核权重分别为0.3，各占总权重的30%；教学质量监控的考核权重为0.4，占总权重的40%。见表7-1。

**表7-1　本科教学工作水平评估考察要点**

| 一级指标 | 二级指标 | 主要观测点 | 参考权重 | 等级标准 | |
|---|---|---|---|---|---|
| | | | | A | C |
| 教学管理 | 质量监控 | 教学规章制度的建设与执行 | 0.3 | 管理制度健全，执行严格，效果显著 | 管理制度基本健全，执行较为严格，效果明显 |
| | | 各主要教学环节的质量标准 | 0.3 | 质量标准完善、合理，体现学校的水平和地位，执行严格 | 质量标准基本建立，执行严格 |
| | | 教学质量监控 | 0.4 | 教学质量监控体系科学、完善，运行有效，成效显著 | 教学质量监控体系初步形成 |

（1）“教学规章制度的建设与执行”考察要点。学校教学规章制度的建设和教学管理文件要完善，学校文件要体现先进的教学思想，积极采用先进的管理技术，采取措施确保各项规章制度的执行。

（2）“各主要教学环节的质量标准”考察要点。学校要制订各个环节的质量标准，没有质量标准就无法评价各教学环节的质量，教学质量是多层面、多样化的。主要教学环节包括理论教学、实践教学（实验、实习、社会实践、课程设计、毕业论文或设计等）。质量标准是为达到目标、水平和要求而制订的规范性文件。标准应具有目的性、规范性、可操作性。质量标准要符合学校的定位、人才培养目标和规格。课程建设、专业建设也都应有相应的质量标准，教师的教学工作也应有相应的工作规范。考核时除要求提供一系列质量标准文件外，还要考核标准的执行情况。

（3）“教学质量监控”考察要点。建立自我完善、自我约束的教学质量（含实践教学）监控与保障体系是教学质量控制的重要的保证。教学质量监控与保障体系包括六个环节：一是要确定目标，二是要建立各个教学环节的质量标准，三是信息与收集（包括统计、检测），四是评估（建立学校评估机制），五是信息的反馈（收集的信息要反馈），六是调控。这几个环节构成教学质量监控体系。

特别强调了毕业设计（论文）环节的规章制度，包括毕业设计（论文）所要达到的教学目的、选题原则、指导教师的资格等，要体现不同专业特点的质量标准、评分标准、答辩成绩等。

考察内容：教学检查与评估的材料，教学督导、领导干部听课制度，听课记录，每年有关教学通报及处分决定等。

2. 本科教学工作合格评估考察要点

本科教学工作合格评估对质量管理的考察包括1个二级指标，2个主要观测点，分别从规章制度和质量控制两个方面进行考察，质量监控为重要指标，见表7-2。

**表7–2　本科教学工作合格评估考察要点**

| 一级指标 | 二级指标 | 主要观测点 | 基本要求 |
|---|---|---|---|
| 质量管理 | 质量监控 | 规章制度 | 教学管理制度规范、完备，主要教学环节的质量标准执行较为严格，教学运行平稳有序 |
| | | 质量控制 | 学校建立了自我评估制度，并注意发挥高校教学基本状态数据的作用，对教学质量进行常态监控 |

（1）“规章制度”考察要点。规章制度重点考察教学管理文件的完备性，教学基本文件（教学计划、教学大纲、学期进程计划、教学日历、课

程等）制定的科学性，教学管理流程的清晰性，教学运行的有序性，执行制度的严格性和有效性。

（2）“质量控制”考察要点。质量控制主要考察教学质量监控体系的六个环节：①培养目标的确定；②各个教学环节的质量标准的建立；③教学信息的收集（包括统计、检测）；④学校自我评估制度的建立；⑤信息的反馈（收集的信息要反馈）；⑥调控。重点考察教学质量监控的组织机构、队伍构成、监控措施，信息处理和反馈通道，考察中可以查阅教学检查原始资料及学校本科教学年度质量报告等。

3. 本科教学工作审核评估考察要点

本科教学工作审核评估中质量保障的考察内容占较大的比重，包含1个审核项目，4个审核要素，11个审核要点，占整个评价指标审核要点的17.2%。见表7-3，审核评估的核心是“质量”，目的是与“保障质量”相吻合。

表7–3　本科教学工作审核评估考察要点

| 审核项目 | 审核要求 | 审核要点 |
|---|---|---|
| 质量保障 | 教学质量体系 | ①质量标准建设<br>②学校质量保障模式及体系结构<br>③质量保障体系的组织、制度建设<br>④教学质量管理队伍建设 |
| | 质量监控 | ①自我评估及质量监控的内容与方式<br>②自我评估及质量监控的实施效果 |
| 质量保障 | 质量信息及利用 | ①校内教学基本状态数据库建设情况<br>②质量信息统计、分析、反馈机制<br>③质量信息公开及年度质量报告 |
| | 质量改进 | ①质量改进的途径与方法<br>②质量改进的效果与评价 |

（1）“教学质量保障体系”考察要点。该部分包含四个审核要点，建设时应注重确定人才培养目标和质量标准，有相应人、财、物的保障，有组织保障机构，有效开展自我评估和质量监控，及时收集教学信息，及时反馈信息，调节改进工作。

考察时第一关注学校是否建立了科学合理的各专业人才培养方案，是否建立了理论教学、实验教学、实习实训、毕业设计、考核等各主要教学环节的质量标准。第二关注学校是否有质量保障的组织机构，是否有满足要求的质量管理队伍。第三关注学校是否建立了完善的教学管理制度，并有效落实。

（2）“质量监控”考察要点。质量监控是质量保障体系最重要的内容之一。考察时要关注学校是否建立了完善的教学质量管理制度和教学质量监控机制，对主要教学环节的教学质量实施了有效监控；是否建立了一支高水平的教学督导队伍，对日常教学工作进行检查、监督和指导；是否建立了完善的评教、评学制度；是否定期围绕人才培养工作开展自我评估，包括课程评估、专业评估和学校二级学院（系）评估等，特别是教师和学生对教学工作的评价，注重学生学习效果和教学资源使用效率的评价，注重用人单位对人才培养质量的评价。

（3）“质量信息及利用”考察要点。质量信息及利用包括三个考察要点：校内教学基本状态数据库建设情况，质量信息统计、分析、反馈机制，质量信息公开及年度质量报告。

质量信息的统计、分析与反馈是质量保障体系有效运行的重要保证。该要素重点考察学校校内教学基本状态数据库的建立，教学状态信息定期更新情况；常态监控信息和自我评估信息的统计分析，分析结果反馈和工作改进情况。年度质量报告要充分体现2012年教育部高等教育司发布的25项核心数据，该数据向社会公开接受监督与评价。

（4）“质量改进”考察要点。质量改进含两个考察要点：质量改进的途径与方法和质量改进的效果与评价。

质量改进是针对目前教学质量存在的主要问题、薄弱环节和未来可能出现的问题，采取有效的措施纠正与预防，实现持续改进质量的目的，质量改进是教学质量保障体系的重要环节。重点考察学校是否有负责质量监控的组织机构，推动改进工作；是否有经费和政策保障质量；是否有推进质量改进的途径和有效方法，使改进工作得以落实，使质量保障体系能够完整有效地运行，形成质量保障的长效机制。

## 第三节 高校教师应如何开展教育教学相关研究

### 一、基本概念及研究意义

课题就是一个问题、一个愿景、一个主题，是人们从事研究前人或同时代的人还没有认识或没有解决的问题，具有单一而又独立的特点。项目是指事物分成几类，由若干有联系的课题组成的较为复杂的、带有综合性的问题。研究就是把一些问题的真实情况探索出来，得到更加有力的根据，以提高成功的可靠性和稳健性。

教育教学课题研究是通过一些科学的方法，来探索其中的客观规律，进而使教师的素质、教育水平、教学质量有所提高。通过该项研究让教师在教学的过程中发现自身的问题，使问题得到解决。

开展教育教学研究具有如下意义：

《中国教育改革和发展纲要》指出，教师需要不断提升自己，通过自己努力地钻研，在学术方面有所提升，来攻克在教育事业中遇到的各种问题，然后进行反思和思考，促使自己往专家型教师更进一步。

开展教育教学研究不仅可以丰富和发展教育教学的理论，还可以推动教学的改革与发展，提高教育教学的质量，同时还可培养教师的研究意识与能力，提高教师的整体素质。

## 二、教育教学课题研究的程序及研究重点

课题研究一般经过确定课题（选题）、立项申报、开题启动、课题实施、结题鉴定和成果推广等过程，如图7-1、图7-2所示。

### （一）确定课题（选题）

1. 选题原则

选题要具有战略性，一般应遵循以下原则。

超前性原则（方向性原则）：所选课题应该为教育教学改革发展中遇到的、必须解决的实际问题，要体现社会发展方向和教育教学改革的发展方向。

需要性原则（实用性原则）：国家经济社会和教育发展、学校教育发展、教师教学和学生发展工作中需要解决的、具有普遍性的重点、热点、难点和疑点问题。

创新性原则：前人或他人未曾研究过，或有研究但还未解决，或出现新的问题需要解决，或原有的方法不能满足新的需求。注意避免做别人成熟的选题方向，搞重复研究，这样就失去了创新性。

先进性原则：研究的内容、方法、手段的先进性和研究结果的独创性、突破性。

科学性原则：基础理论研究要以事实为依据；应用研究要有科学的理论根据，符合科学的原理与教育教学的规律，具有正确性和科学价值。

可行性原则：在人、物、经费、资料储备、实验设备条件、理论水平

与研究能力、组织能力和研究对象等主、客观条件方面作好充分准备；课题组成员组合合理，工作条件和时间有保证。

成果推广
结题鉴定
课题实施
开题启动
立项申报
确定课题（选题）
逻辑思路
操作流程
阶段特征

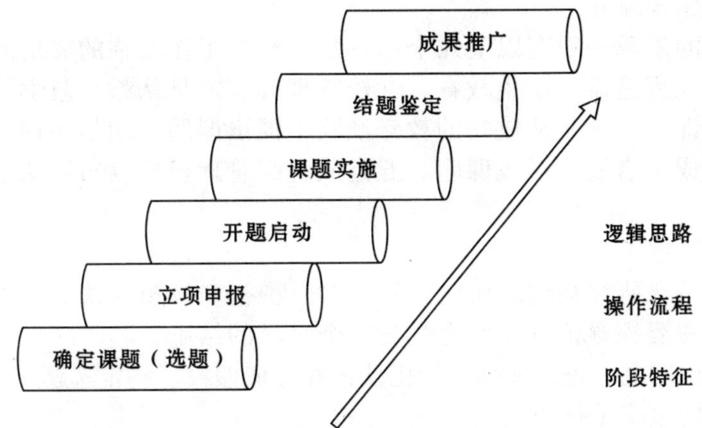

图7-1　课题研究程序关系图

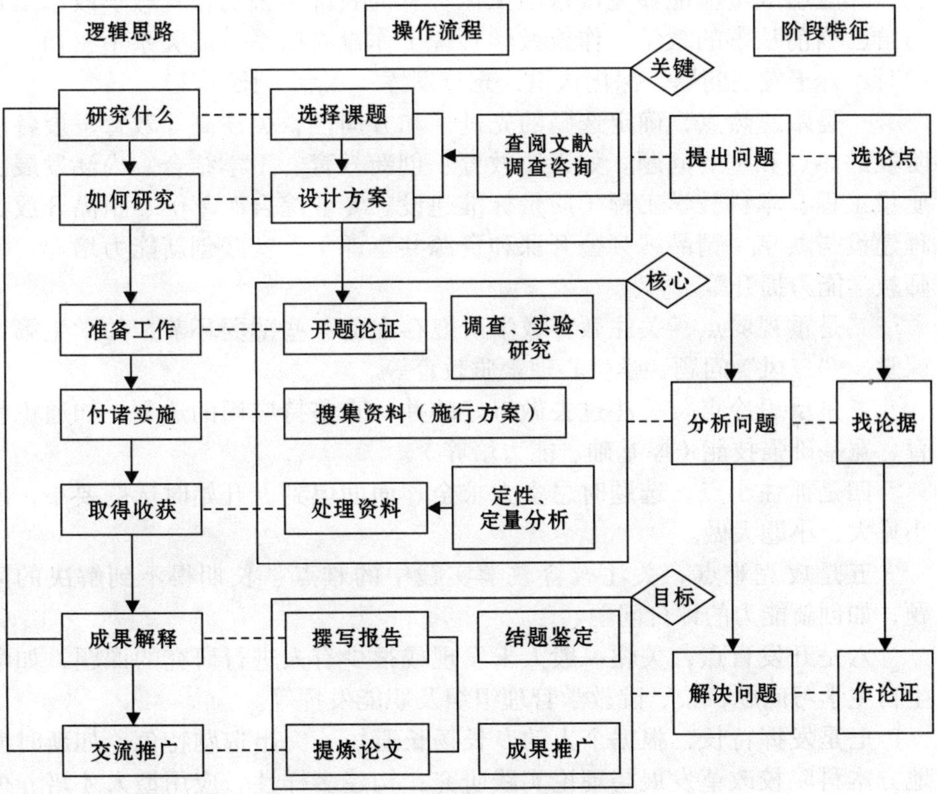

逻辑思路
操作流程
阶段特征
关键
研究什么
选择课题
查阅文献
调查咨询
提出问题
选论点
如何研究
设计方案
核心
准备工作
开题论证
调查、实验、
研究
付诸实施
搜集资料（施行方案）
分析问题
找论据
取得收获
处理资料
定性、
定量分析
目标
成果解释
撰写报告
结题鉴定
解决问题
作论证
交流推广
提炼论文
成果推广

图7-2　课题研究详细程序图

价值性原则（效益性原则）：研究成果有利于学校教育发展、教师教学和学生发展；有推广价值，对同行有指导和借鉴作用。

2. 课题来源

课题的来源一般有以下几个：一是从教育工作面临的突出问题中选择课题，如课程建设、学生教育、学校管理等。二是从教育教学的实践与反思中发现课题。三是从成功的教育经验中提出课题。四是在理论学习和他人的研究成果启发下形成课题。五是从各级管理机构发布的课题指南中选择课题。

3. 选题程序

选题是在研究初期对所研究问题的一种初步设想与认识，选题初期证据不足，需要探寻证据，使之变成一个科学的结论，其程序大致为：发现问题、提出问题，查阅文献、深化认识和形成假没、确定选题三步。

4. 选题策略（技巧）

选题要富有战术性，应结合自己从事的教学或教学管理工作进行选题，课题组成员应能够完成该项工作。有的教师申报的教育教学改革项目与自己当前从事的教学工作或教学管理工作没有联系，或关系不密切。选题时应善于发现问题，深化认识，充分发挥“六点一长”。

一是跟踪热点，确定选题的先进性和方向性，关注高等教育发展各个阶段的热点和重要问题。如素质教育、创新教育、工学结合、内涵发展、质量工程、本科教学工程（质量标准建设、专业综合改革）、精品开放课程建设与共享（精品视频公开课和资源共享课）、实践创新能力培养、教师教学能力提升等。

二是重视弱点，关注教育教学研究存在的一些薄弱环节，如学生第二课堂、“三风”问题、学生心理素质教育等。

三是反思冷点。关注过去做得好的并一直坚持应用的选题，如通识教育、宽基础强技能（厚基础、能力培养）。

四是抓住小点，选题时忌贪大求全、面面俱到。开始时选题要小，以小见大，小题大做。

五是攻克难点，关注教育教学实践中的难点、长期得不到解决的问题，如创新能力的评价问题。

六是开发盲点，关注一般人未发现或很少有人进行研究的课题，如学生自主学习问题，校、院教学管理组织及职能发挥等。

七是发挥特长，根据个人的专长扬长避短，突出选题特色，如新时期地方本科院校改革发展与理论实践研究；构建多样性、应用型人才培养模式，探求独立学院可持续发展之路；关于学科和学科群建设的研究等。

5. 拟题

拟题要准确、规范、简洁、醒目，准确反映研究范围、内容和实质，明确表述所研究的问题，包含研究对象、研究内容、研究方法等信息。

准确就是指要清楚交代所要研究的内容、对象，名称与内容一致；规范是指以陈述式句型表达，宜用肯定式、结论式句型；简洁是指一般不超过20～25字；醒目是指新颖，专家一看就有深刻印象。

6. 选题应注意的问题

正如英国科学家贝尔纳所说："提出课题比解决课题更困难……"所以所选择的课题大小要适度，开始要小，逐步扩大；研究问题要明确，清楚要解决的问题；要紧密结合本职工作，联系教学实际，发挥自身优势。同时，要提高研究策略，注意研究方法多样化。

（二）立项申报

1. 申报渠道

申报一般从"国家—省—市"三个层面进行，具体对课题的认定等级按各学校的规定进行，大多数可划分如下。

国家级课题：包括国家社会科学基金项目中有关教育教学方面的课题、全国教育科学规划教育部课题和教育部人文社会科学研究项目中教育教学方面的课题。

省级课题：包括省教育厅高等学校教育教学改革项目、省社会科学基金项目中教育教学方面的课题和省教育科学规划课题。

市厅级课题：包括高等学校人文社科研究项目、社科联项目中有关教育教学方面的课题和教学研究会课题（高教学会、各专业教学指导委员会或学会设有教育教学方面的专项课题）。

2. 立项原则

一是有价值，对教学质量有一定的指导作用，对教学的改革具有实际的意义，对教学的发展和决策有一定的作用。

二是要有一定的理论根据，明确研究方向，研究方案要科学合理。

三是具备研究工作的能力和条件。

四是研究过程中方法、步骤可行，能按时完成。

（三）填写申报书

1. 申报书填写

申报书主要内容（以国家河北省申报书为例）包括以下几个方面的内容。

（1）数据表：包括课题名称、关键词、类别、学科分类、研究类型及研究团队基本情况。

（2）负责人和课题组主要成员近五年来取得的与本课题有关的成果都一一列出来，还有就是这些成果的一些信息内容全都显示出来。

（3）主要负责人和成员近五年主持的重要课题研究：主持人、课题名称、课题类别、批准时间、批准单位、完成情况等内容，同时应提供课题相关证书、证明复印件，如立项证书、结题证书等。

（4）完成课题需要一些论证：本课题有什么样的价值和意义，国内外的研究到了什么程度。

（5）课题是否能够按时完成的分析：负责人是否能够把主要的学术简历，还有一些关于课题研究的相关文献找到，还得注重完成本课题研究需要多长的时间，资料是否准备齐全等。

（6）预期研究成果：主要阶段性成果和最终研究成果。

（7）经费预算与经费管理。

（8）课题负责人所在单位意见，省级规划办、教育部直属单位、部委直属高校审核意见。

（9）《课题设计论证》活页：只能通过匿名评审，不得在填写时出现任何关于个人信息的资料。

2. 填写技巧

一是认真阅读课题指南、注意事项或填写说明。

二是“精心设计、规范填写”。理论清晰、方案具体、文字简洁、数据准确。

三是主要研究方向明确、集中，范围不宜过大、内容不宜过多。

四是立题依据充分。研究现状：查阅文献，了解信息，熟悉研究领域的现状、进展动态、发展趋势，忌“东抄西拼”，前后不一致。研究意义：对提高教育教学质量的贡献。应用前景广阔并可预见。

五是研究方案可行，路线清晰。阐述研究方法和技术路线的先进性、创新性，技术路线中的难点问题要明确，尽可能提出解决的设想和措施。

六是预期成果具体明确。预期达到什么结果、什么水平，研究预期成果前景广阔、受益面广。

七是研究基础实事求是，突出优势与实力。申请人资历、成员优势，已取得的相关研究成果，已开展的前期研究工作，具备的条件等。

八是成员结构合理，实力强，有时间保证。研究任务分工合理，任务明确。

九是经费预算合理、恰当、符合规定。

十是各栏目填写完整、齐全、清楚、实事求是。

（四）开题

开题工作实际上就是统一思想、提高认识、保证研究质量的过程，是对所研究课题的目的、意义、价值、作用、思路进行论证和阐述，细化申报时的设想，统一研究思想、明确责任与任务，为课题实施奠定基础。

开题时汇报研究的目的、现状、研究内容、研究思路、目标、研究方法、计划安排和分工等内容。

（五）课题实施

课题实施是落实研究计划、执行研究方案的重要环节，这个过程中可获得第一手研究材料，是理论与实践的接点。主要工作如图7-3所示。

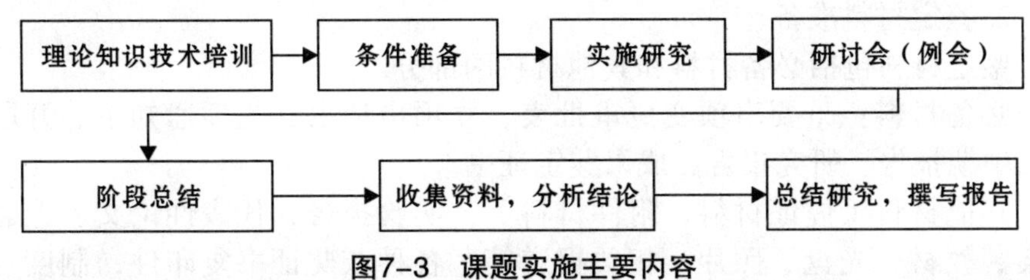


图7-3　课题实施主要内容

课题研究常用的方法如下。

调查研究法：通过调查问卷的方法，收集一些有关研究对象的资料，从这些资料中发现一些问题，然后探索出一定的规律。

文献研究法：对相关的文献进行查阅，找出与事物本质相关的内容来进行研究的方法。各种图书报纸、参考文献、电子资料等都属于文献范畴之内。

实验研究法：通过实验论证的方法来进行研究。

案例研究法：以一些我们常用的课题来研究，通过深入的研究和了解，寻找到最正确、较积极的教育方法的过程。

个案研究法：对个案进行深入、具体的研究。不仅满足于对个案的研究，还需要认识教育与发展的因果关系，得出积极的教育对策，改革教育教学方法。

归纳法：通过总结、归纳教育教学经验、教训，揭示教育现象的本质及规律的研究方法。

行动研究法：在生活中的各个方面，寻找到个别课题，然后进行深入的研究，整个过程都需要实际工作者或研究者的参与，通过研究和了解，把研究成果带入到实际工作中，达到解决实际问题的目的。

另外，还有观察研究法、比较研究法等。

（六）结题鉴定

1. 结题鉴定的一般程序

结题鉴定程序如图7-4所示。

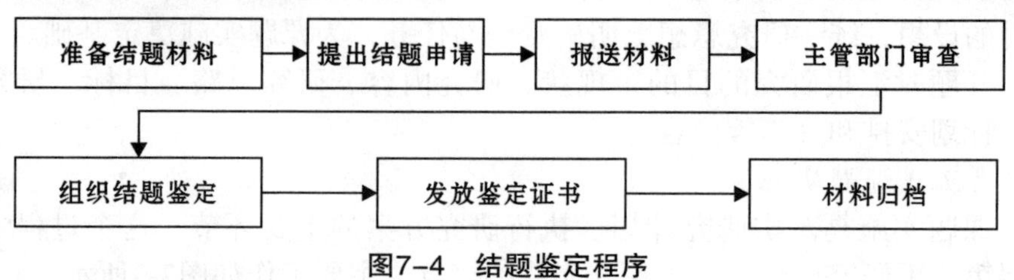


图7-4 结题鉴定程序

2. 鉴定材料准备

鉴定材料包括必备材料和其他材料两部分。

必备材料：重要事项变更审批表、立项申请书、立项通知书、开题报告、中期报告、研究报告、成果鉴定证书。

其他材料（佐证材料、附件材料）：实验报告，代表性论文、论著、教案、教材、光盘、照片、相关报道等，各种获奖证书复印件，制度、文件、规定等，成果应用意见，调查、实验、观察等原始问卷、观察表、统计表等，其他相关资料等。

3. 研究报告的写法

研究报告是研究质量提升的重要手段，是整个研究过程完整、真实的体现。是专家评价研究成果和水平的主要依据之一，主要内容包括：

（1）研究综述，简单概括主要方面、研究内容、程序、结果和结论等。

（2）课题研究的背景、意义和价值；国内外研究现状和存在的主要问题。

（3）研究目标、主要研究内容、创新点；研究的理论依据、基本方法。

（4）研究的主要成果、成果在教学实践中的推广应用情况。

（5）研究存在的问题，进一步研究的设想、建议等；参考文献。

（七）成果推广

成果的推广应用是大多数教师都缺乏的环节，通常大家都是就事论事，课题完成后不注重总结、不注重提炼、不注重应用、不注重推广，这样研究工作就没有真正发挥其作用，形不成真正的教学成果，这也是教师在申报教学成果奖时材料不够充实、水平不高、质量不高的真正原因。

教师今后在申报成果时，要重视、要总结、要提炼、要修正提高。申报成果要形成效益，普通教师要成长为专家型教师。

（八）注意事项

一要重视过程。教师的研究意识、研究能力是在教育教学研究的过程中锻炼出来的，也就是“教中研、研中教、研中学”，只有将研究成果转化为具体的教学规范，应用于教学实践，才能达到既提高教学水平，又提高教师教学研究能力的双重目的。

二要注重应用。所研究的问题直接来源于教学实践，是为解决具体问题服务的，具有较强的针对性和目的性，只有研究与教学相结合，我们的研究才能真正发挥作用，才有价值。

# 参考文献


[1] [美]阿尔蒙德，小鲍威尔. 比较政治学：体系、过程和政策[M]. 曹沛霖等译. 上海：上海译文出版社，1987.

[2] [德]爱因斯坦. 论教育：纪念爱因斯坦译文集[M]. 上海：上海科技出版社，1979.

[3] [美]班杜拉. 思想和行动的社会基础（上册）[M]. 林颖，等译. 上海：华东师范大学出版社，2001.

[4] 北京高校青年教师教学基本功比赛评价体系与案例研究课组. 课堂教学技能与评价[M]. 北京：高等教育出版社，2011.

[5] [希腊]波朗查斯. 政治权力与社会阶级[M]. 叶林，等译. 北京：中国社会科学出版社，1982.

[6] 陈向明. 质的研究方法与社会科学研究[M]. 北京：教育科学出版社，2000.

[7] [法]德里达. 马克思的幽灵[M]. 何一，译. 北京：中国人民大学出版社，1999.

[8] 邓小平. 邓小平文选（第3卷）[M]. 北京：人民出版社，1993.

[9] 邓小平. 邓小平文选（第1卷）[M]. 北京：人民出版社，1994.

[10] [美]杜威. 民主主义与教育[M]. 王承绪，译. 北京：人民教育出版社，2001.

[11] 费孝通. 乡土中国[M]. 北京：人民出版社，2008.

[12] 风笑天. 社会学研究方法[M]. 北京：中国人民大学出版社，2005.

[13] [美]戈夫曼. 日常生活中的自我呈现[M]. 冯钢，译. 北京：北京大学出版社，2008.

[14] 顾明远. 在“第二届教师资格制度国际学术研讨会”开幕式上的致辞[M]. 北京：北京师范大学出版社，2010.

[15] 莱斯特. 视觉传播：形象载动信息[M]. 霍文利，史雪云，王海茹，译. 北京：北京广播学院出版社，2003.

[16] 李德顺，孙伟平. 哲学的价值新论[J]. 哲学研究，2009（6）：13-14，17.

[17] 列宁. 列宁全集（第28卷）[M]. 北京：人民出版社，1991.

[18] 列宁. 列宁全集（第55卷）[M]. 北京：人民出版社，1990.

[19] 李建群．哲学变革与创新型人才的培养[J]．武警工程学院学报，2000（1）：68.

[20] 刘光杰，樊锐．浅谈导入技能在物理教学中的应用[J]．阴山学刊：自然科学版，1998，14（3）：145-146.

[21] 罗志田．西方的分裂：国际风云与五四前后中国思想的演变[J]．中国社会科学，1999（3）：25.

[22] 马克思，恩格斯．马克思恩格斯全集（第1卷）[M]．北京：人民出版社，1995.

[23] 皮连生．教学设计[M]．北京：高等教育出版社，2000.

[24] 孙立仁．中学物理微格教学教程[M]．北京：科学出版社，1999.

[25] 谢秀美．校园文化建设与创新型人才的培养[J]．乌鲁木齐职业大学学报，2005（4）：98-100.

[26] 许高厚．课堂教学技艺[M]．北京：北京师范大学出版社，1997.

[27] 杨慧民．高校思想政治理论课案例教学法研究[M]．北京：高等教育出版社，2007.

[28] 张旭东．新型人才的培养与高素质教师队伍建设[J]．内蒙古民族大学学报：社科版，2001（2）：46.

[29] 周育国．创新的哲学解读[J]．辽宁师范大学学报，2005（1）：13.

[30] 朱红恒．熊彼特的创新理论及启示[J]．社会科学家，2005（1）：59.

[31] 朱湘萍，刘春燕．教学语言技能在物理教学中的作用[J]．湖南科技学院学报，2005，26（5）：229-231.

[32] 朱欣欣．教师教育教学能力构成的研究[J]．教育评论，2004（5）：24-26.